Día de Muertos en México

A través de los Ojos del Alma

Ciudad de México, Mixquic y Morelos

Day of the Dead in Mexico

Through the Eyes of the Soul

Mexico City, Mixquic & Morelos

Dedicatoria

Cada jornada de investigación sobre la celebración de Día de Muertos conlleva la participación de muchas personas e instituciones, dispuestas a compartir sus vivencias y conocimientos. En cada uno de los recorridos realizados he tenido la suerte de ser recibida con la tradicional hospitalidad que caracteriza a los mexicanos, una hospitalidad que nace del corazón.

De la misma manera, son muchos los que colaboran en su contenido, diagramación y publicación.

Mis agradecimientos a cada uno de ellos, por hacer posible este tercer libro.

A Través de los Ojos del Alma, Día de Muertos en México,
Mary J. Andrade
© 1996

http://www.dayofthedead.com
http://www.diademuertos.com

Publicado por *La Oferta Review Newspaper, Inc.*
1376 North Fourth Street, San José, California 95112
Tel. (408) 436-7850; Fax (408) 436-7861
http://www.laoferta.com
E-mail: laoferta@bayarea.net

Mapas: Oficina de Turismo de la Ciudad de México y del estado de Morelos.

Diseño y Producción: Laser.Com, San Francisco
(415) 252-3341

Impresión en Hong Kong por: Global Interprint

Primera Edición 2000
Biblioteca del Congreso, Tarjeta de Catálogo: 00-090458
ISBN # 0-9665876-2-6

Acknowledgements

Each journey researching the celebration of Day of the Dead involves many individuals and organizations willing to share their experiences and knowledge. In each one of my trips I have been blessed to have been welcomed with the traditional hospitality that characterize the Mexican people, a hospitality that is born in the heart.

Similarly, there are also many people who contributed in the content, graphics and publication of this book.

My heartfelt gratitude to each one of them for making this third book possible.

Through the Eyes of the Soul, Day of the Dead in Mexico,
Mary J. Andrade
© 1996

http://www.dayofthedead.com
http://www.diademuertos.com

Published by *La Oferta Review Newspaper, Inc.*
1376 North Fourth Street, San Jose, California 95112
Tel. (408) 436-7850; Fax (408) 436-7861
http://www.laoferta.com
E-mail: laoferta@bayarea.net

Maps: Tourism Offices of Mexico City and the State of Morelos.

Design and Production: Laser.Com, San Francisco
(415) 252-3341

Printed in Hong Kong by: Global Interprint

First Edition: 2000
Library of Congress Control Number: 00-090458
ISBN # 0-9665876-2-6

Índice

Index

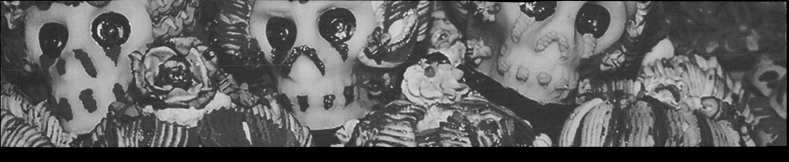

introducción
INTRODUCTION

La muerte para los mexicanos, igual que para toda la humanidad, es un motivo de rituales. Cada cultura tiene los propios que siempre han sido transmitidos de generación en generación, durante siglos. En todas partes son un elemento fundamental de las raíces culturales, características que los distinguen de los demás. En México además de las ceremonias que se celebran al momento de la muerte de alguna persona, hay en el calendario dos días al año dedicados a recordar a todos los difuntos, los días primero y dos de noviembre.

A pesar de que las celebraciones a lo largo y a lo ancho del país tienen las mismas raíces culturales, españolas e indígenas, cada lugar tiene sus particularidades a la hora de recordar a los que se fueron.

En este libro, Mary J. Andrade nos ofrece un festín visual que permite ir apreciando los colores, los sabores y la creación artística de los mexicanos, a través de sus altares y ofrendas de muertos. Nos lleva de la mano por sus espléndidas fotografías y su amable texto a conocer las particularidades de las celebraciones del Día de Muertos en Ciudad de México, Mixquic, y varios pueblos y ciudades en el estado de Morelos. El presente volumen es un resultado más del proyecto de investigación periodístca, que Andrade inició en 1987 con el fin de difundir, allende las fronteras, una de las manifestaciones del rico acervo de la cultura mexicana.

Las celebraciones de los difuntos en México han llevado a la autora, durante 13 años, cámara al hombro, sensibilidad en el alma y ojo artístico, a recorrer todo el país en búsqueda de imágenes y tradiciones profundamente arraigadas en el ser del mexicano.

To the Mexican people death, as to all of humanity, is a justification for rituals. All cultures have their unique rituals which have been passed down from generation to generation for centuries. Everywhere these rituals are fundamental elements of cultural roots and the characteristics which make them unique. In Mexico, in addition to the usual rituals given upon an individual's death, two specific days are set aside — the first and second day of November — dedicated to honor all those who have departed.

Although all such celebrations have the same cultural roots, Spanish and indigenous, each region has activities to honor the memory of the deceased which are unique to that particular part of the country.

Throughout this work, Mary J. Andrade renders us a visual account that allows us to discover and enjoy — through the altars and offerings — the multitude of color, foods, and artistic creations of the Mexican people. She takes us by the hand through her splendid photographs and her inviting narrative to witness the uniqueness of the Day of the Dead celebrations in Mexico City, Mixquic and various towns and cities in the state of Morelos. This current volume is more than a product of journalistic research which Mary Andrade launched in 1987. Her goal with this work was to diffuse the richness of the Mexican culture.

The celebrations in honor of the dead in Mexico have taken the author, for over 13 years, camera in hand, sensitivity in her soul, and with an eye for art, to travel extensively through the country in search of images and traditions deeply tied to the Mexican soul.

Una de las celebraciones más típicas y difundidas en todo el territorio mexicano es, sin duda, la del Día de Muertos. A lo largo y a lo ancho del país, tanto en pequeños poblados como en las grandes ciudades, los mexicanos rendimos culto a la muerte y a nuestros muertos. Con antecedentes mestizos, como los habitantes del país, estas fiestas resultan de la mezcla de la visión sobre la muerte de nuestros antepasados indígenas y de la religión católica de nuestros antepasados españoles.

Para los habitantes de Mesoamérica la vida era sólo un momento pasajero, la muerte era un despertar del sueño presente para ingresar al mundo de los muertos y de los dioses ante quienes los difuntos se presentaban según el tipo de muerte que habían sufrido. Los que morían sacrificados o en la batalla, se convertían en compañeros del sol, al igual que las mujeres que morían en el parto; los que morían ahogados iban al *Tlalocan* o paraíso de *Tlaloc;* los niños al morir eran considerados joyas, por lo cual permanecían en la casa de *Tonacantecuhtli;* y las almas no elegidas por los dioses permanecían en el *Mictlán* o inframundo. Para transitar sin contratiempos del mundo de los vivos al de los muertos, estos eran sepultados o cremados con sus pertenencias, comida y agua para el camino y con un perro que los acompañaba.

A partir del siglo XVI, la conquista primero, y la colonia después, introdujeron, junto con la religión católica, el miedo a la muerte y al infierno. Desaparecieron, con los templos indígenas todas las alusiones a la muerte como las calaveras o los huesos, que tenían un sitio preponderante en los lugares donde se adoraba a los dioses.

Sin embargo ya para el siglo XVIII, se habían mestizado las dos visiones de la muerte y como consecuencia se había desarrollado el culto y la ofrenda a la muerte y a los difuntos. Reaparecieron las calaveras y los huesos, ahora con un tono festivo y burlón, se empezaron a elaborar comidas y artesanías regionales y se añadió el ingrediente católico: las misas, las velas, las flores en las tumbas y el repicar de las campanas en las

One of the most typical and well-known celebrations in the entire Mexican territory is without a doubt the Day of the Dead celebration. Throughout the country, in small isolated towns as in the large cities, the Mexican people pay tribute to death and to their departed. With a mestizo past, not unlike the inhabitants of this country, these festivities are the result of an intermarriage of the way our indigenous ancestors and the Catholic religion from our Spanish roots viewed death.

Life for the inhabitants of Mesoamerica, was just a fleeting moment. Death was an awakening of a dream in the present to enter the world of the dead and appear before different gods, depending on the type of event that took their life. Those who perished as a result of sacrifice or war became companion to the sun. This fate also awaited women who died upon giving birth. Those who died by drowning would go before *Tlalocan* of the *Tlaloc* paradise. Upon dying, children were considered jewels, which is why they remained in the house of *Tonacantecuhtli*. The souls not chosen by a god remained in *Mictlan* or in the underworld. To be able to travel from the world of the living to the world of the dead without delay, the deceased were buried or cremated along with their belongings, food, and water for the road and a dog as their traveling companion.

By the Sixteenth Century, with the Conquest first and later the Colony, together with the Catholic religion that they introduced, people became scared of death and hell. With the indigenous temples the allusion of death disappeared, as well as the skulls and bones that had an important placement in the places where they worshipped their gods.

As of the Eighteenth Century, the two views of death had intertwined and as a result the cult of death developed. Skeletons and bones reappeared, but now in a festive and comical mood. In addition, foods and regional crafts and the Catholic ingredient — mass, candles, flowers on the tombs and the tolling of church bells — were added as well. Currently, this ritual is a major undertaking in which every community participates.

iglesias. Actualmente, este ritual requiere de grandes preparativos que cada comunidad realiza con anterioridad para dar mayor lucimiento y solemnidad a los festejos.

En este texto, la autora va proponiendo a lo largo de sus imágenes y sus escritos, que la acompañemos a un viaje detallado por los lugares que recorrió y nos va nutriendo de información con los antecedentes, los preparativos y la realización de cada uno de los festejos.

En fin, este es un libro que con dedicación y amor nos pone en las manos Mary J. Andrade para acompañarla en sus viajes al mundo mexicano del culto a la muerte.

María Esther Schumacher
Ciudad de México, 2000

La Lic. María Esther Schumacher fue profesora, por muchos años, en la Universidad Nacional Autónoma de México.

Ella es una de las fundadoras del Programa para las Comunidades Mexicanas en el Exterior, de la Secretaría de Relaciones Exteriores, donde desempeñó la Dirección de Comunicación y Difusión Comunitaria.

Fue Editora, desde el número 6 hasta el 49, del periódico bilingüe La Paloma, que circula en los Estados Unidos con un tiraje de 800,000 ejemplares.

In this text, the author proposes throughout her images and her words, that we follow her on a journey which she undertook as she feeds us information of the background, preparation events, of each festivity.

In brief, this is a book created with dedication and love which Mary J. Andrade places at our reach and beckons us to follow her in her "expedition" to the Mexican world of the cult of death.

Maria Esther Schumacher
Mexico City, 2000

Lic. Maria Esther Schumacher was a Professor for several years at the University of UNAM.

She is one of the co-founders of the Program for Mexican Communities Abroad of the Secretary of Foreign Relations, where she served as the Director of Communications and Community Outreach.

She is the former Editor, from the ninth to 49th edition of La Paloma, a bilingual newspaper that has a circulation of 800,000 copies in the United States.

ciudad de méxico
MEXICO CITY

10

11

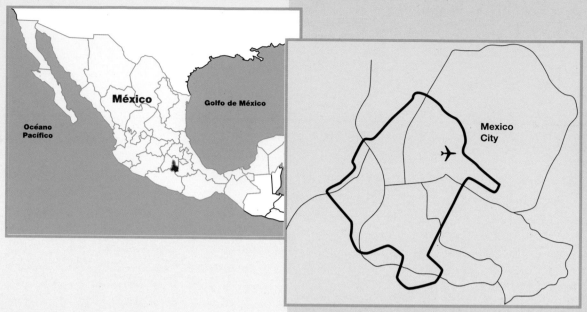

Ciudad de México

Cumpliéndose una profesía, una tribu nómada originaria de Aztlán encuentra en un islote del lago de Anáhuac, sobre un nopal, a un águila devorando una serpiente. Era la señal, de acuerdo a la leyenda, para iniciar la construcción de lo que sería un gran imperio.

En 1325 se empieza a erigir ahí, rodeada por cerros y los volcanes Iztaccíhuatl y Popocatépetl, la ciudad de Tenochtitlán, hoy Ciudad de México. Antes de la llegada de los españoles, el poderío de esta ciudad se había extendido abarcando amplios territorios de Mesoamérica.

Hernán Cortés llega a Tenochtitlán en 1519 iniciando su campaña de conquista hasta que la ciudad cae en 1521 y sobre sus ruinas se edifica una nueva ciudad, con una fisonomía completamente diferente a la que tuvo la capital azteca, aunque de igual belleza.

Herencia de ese pasado es el Centro Histórico, que en muchos aspectos es el corazón de la Ciudad de México, donde se conservan zonas arqueológicas en las que se aprecian vestigios de su esplendor prehispánico y la riqueza arquitectónica de sus edificios coloniales.

La Ciudad de México presenta al mundo su historia a través de su riqueza artística y colonial expuesta en museos y galerías; fascina a sus visitantes con la belleza y variedad de sus artesanías; los envuelve con los colores y sabores de sus frutas y vegetales y sobre todo les ofrece la amabilidad, hospitalidad y tradiciones de su gente.

Mexico City

An ancient prophecy comes true — a nomadic tribe with origins in Aztlan, discovers on an island on lake Anahuac, an eagle perched on a cactus devouring a snake. It was the sign, according to legend, that would mark the beginning of the construction of what would later be a powerful empire. Here, in 1325, surrounded by mountains and the Iztaccihuatl and Popocatepetl volcanoes, the city of Tenochtitlan, today Mexico City, is built. Before the arrival of the Spaniards, the hold of this city had reached vast territories of Mesoamerica.

Hernan Cortes arrives in Tenochtitlan in 1519, which marks the beginning of years of conquest until the fall of the city in 1521 upon whose ruins a new city is built. This city is built with a façade entirely different from that of the Aztec capital, but equally beautiful.

The Historic Downtown, a legacy from that ancient past, is today in many respects the heart of Mexico City, where many areas are considered and conserved as archaeological sites. Colonial buildings in these sites bear evidence of the glorious pre-Hispanic past and architectural richness.

Mexico City displays its history to the world through its artistic and colonial splendor evident in various museums and art galleries. It charms visitors with the beauty and diversity of its crafts. Mexico City captivates the visitor with the myriad of colors and tastes of its fruits and vegetables, but most important with the affability, hospitality, and traditions of its people.

Periodista con traje prestado

Soy esqueleto de PRENSA
ya nací documentado;
en la noticia más tensa
estoy especializado.

Veo morir muchos seres,
soy un periodista fiel;
transcribiendo mis deberes
me fui quedado sin piel.

Mis artículos de fondo
dan trabajo a la opinión;
bajo traje azul escondo
mi hueso y mi corazón.

Por no decir lo contrario,
la PRENSA es autoridad;
aporta lo necesario
si transmite la VERDAD.

Mi estilo es ir al desnudo
pues que prestado es el traje;
me intereso por lo crudo
y perfilo el reportaje.

La Muerte me solicita
soy por ella perseguido;
si no la escribo, me cita
o me condena al olvido.

La entrevista es mi tormento
detesto la transcripción:
en ella no sirve el cuento
sólo documentación.

Investigo el cuestionario
me interesa lo etnocéntrico;
soy esqueleto en armario
y me llaman egocéntrico.

Tengo lectores muy cultos
que muestran su dentadura;
son como niños adultos
ignorando sepultura.

Journalist with a Borrowed Suit

I am a cadaver of the PRESS
I was born in a story;
in the most serious of news
I am a specialist.

I see many die,
I am a true journalist;
transcribing my work
I was left with no skin.

My indepth articles
provide reason for opinions;
under my blue suit, I hide
my bones and my heart.

Not to argue,
the PRESS has authority;
it brings what's necessary
if it's to report the TRUTH.

My style is to present the naked truth
since my suit is borrowed;
I like the raw news
and I outline the story.

Death beckons me
she follows me;
if I don't write about her, she will come for me
or she will sentence me to oblivion.

The interview torments me
I detest the transcription:
she doesn't bother with gossip
just the facts.

I research the questionnaire
I like what is ethnocentric;
I am that skeleton in the closet
and they call me egocentric.

I have many educated readers
who growl at me;
they are like adult children
forgetting death.

Subjetivismo, impresión,
prejuicio que se padece;
la Muerte sin corazón
no es idea que merece.

Escribo para el que piensa
mis consejos son precisos;
doy el mensaje en la intensa
llamada de los avisos.

Mi amigo toca el tambor
anuncia la descarnada;
¡espabílate en Amor!
que sin él no tienes nada.

¡Ándele! Lea La Prensa
que en este mundo de excesos;
sólo se salva el que piensa
y lo demás, todo es huesos.

No me mires si te asustas
pero la caja es mi casa;
si al verla te desajustas
es mejor tomarlo a guasa

Yo soy un profesional
del periodismo de oficio;
la noticia es todo el mal
el bien sólo es... sacrificio.

Lo diverso es el secreto
de ser y de disfrutar;
tocar el tambor es reto
de los que saben Amar.

Y yo como periodista
de PRENSA huesuda y llana;
te invito a correr la pista
al desnudo y por la gana.

Hueso y corazón al viento
¿Quién os puede retener?
ni internet, ni pensamiento,
sólo quien sepa LEER.

Julie Sopetrán
(Poetisa española, 2000)

Subjective, impression,
bias from which we suffer;
Death without a heart
idea she doesn't deserve.

I write for those who think
my advice is precise;
I send my message through the intense
calling of notices.

My friend plays the drums
announcing the carnage;
awaken into Love!
Without which you have nothing.

Come on! Read the news
for in this world of excesses;
only he who thinks is saved
and the rest, are bones.

Don't look at me if you are scared
but that coffin is my home;
if you can't handle its sight
it's better to take it in jest.

I am a professional
of the profession of providing news;
news — it's all evil
to be good is only . . . sacrifice.

Diversity is the secret
of being and of enjoying;
playing the drums, dares
those who know how to Love.

And me as a journalist
of the NEWS skinny and frank;
I invite you to run the show
bare and for no reason.

Bones and heart to the wind
Who can stop us?
Not the internet, nor thoughts,
only those who can READ.

Julie Sopetran
(Spanish poet, 2000)

La Calaca Alborotadora de la Ciudad de México

Nacer y morir es una de las dualidades del ser humano y de todo lo que vive. Esta dualidad, que se expresa gráficamente durante la época de Día de Muertos, es uno de los aspectos de la idiosincrasia mexicana. Sus formas de manifestación son una mezcla de creencias precortesianas y de las católicas, de humor y tragedia, de misticismo y materialismo.

En la capital mexicana, la muerte se intelectualiza en museos y galerías de arte, se viste de gala en hoteles de cinco estrellas y comparte los puestos de venta de calaveras con los disfraces de *Halloween* (Noche de Brujas), en los mercados populares de la ciudad.

Debido al tamaño y densidad de la Ciudad de México, hay que visitarla por lo menos dos veces durante la temporada de muertos, si se quiere tener una visión más amplia de la extensa variedad de las costumbres con que sus habitantes celebran esta fiesta tradicional.

Al igual que en las poblaciones pequeñas, en la gran Ciudad de México, la mayoría de la gente se prepara con anticipación para celebrar dignamente la fiesta de muertos. En lugares cercanos a la capital, la elaboración de los dulces especiales se inicia en el mes de mayo, para terminar a mediados de octubre. La vista de los adultos se engolosina, al igual que la de los pequeños, al caminar frente a los puestos de dulces y frutas confitadas que se venden en el centro de Toluca, capital del estado de México.

Calaveras de chocolate de diferentes tamaños capturan la atención e imaginación de quien las contempla. Las calacas de azúcar, decoradas con diademas de reinas y adornadas con flores hacen pensar en la futilidad de acumular objetos materiales, al mismo tiempo que, en contradicción con lo anterior, nos inclinan al deseo de adquirirlas para contemplarlas a gusto en casa y así jactarnos de su posesión.

18

The Rowdy Skeletons in Mexico City

To be born and to die is a duality of human existence and of every living thing. This duality, graphically expressed during the Day of the Dead celebrations, shows one aspect of the Mexican idiosyncrasy. These celebrations are an expression of the fusion of pre-Hispanic beliefs and Catholic dogmas, of humor and tragedy, of mysticism and materialism.

In the Mexican capital, "death" is intellectualized as part of exhibits in museums and art galleries. "Death" dresses up for a night on the town and is seen in five-star hotels, as well as in street stands which sell little *calaveras*. In these stands, located in the main markets of the city, "death" must now share the spotlight with Halloween costumes.

Mexico City is the biggest city in the world. To have a deep understanding of the Day of the Dead celebration, one must make at least two visits during the time of this celebration, as preparations take place for this tradition.

As in the small towns of the provinces, most residents of Mexico City begin preparations early in order to properly celebrate the return of the souls. In many places near the capital, the production of candy starts in May and ends in October. Adults and children alike, savor the sweets and glazed fruit from Toluca, capital of the State of Mexico, as they walk through the stands.

Different size chocolate skulls capture the attention and imagination of passers by. Candy skulls, beautifully decorated with crowns fit for queens, invite us to assess and ponder the futility of accumulating material goods; and, in a paradox, tempt us to buy and show off these unique candies.

The cultivation of *cempasuchitl* (marigold flowers) starts on June 13th of every year; on August 13th the shoots are transplanted to the ground, and the flower-gathering begins around October 20th. Trucks pile onto the freeways loaded with *cempasuchitl* from Atlixco,

El cultivo del *cempasúchitl* se inicia el 13 de junio de cada año, para trasplantarlo en surcos el 13 de agosto y cortarlo durante la segunda quincena de octubre. Desde los alrededores de Atlixco, en el estado de Puebla, se desplazan por las carreteras camiones cargados con esta flor, cegando a los conductores de otros vehículos con la brillantez de su color amarillo-anaranjado. Para el comprador que la lleva a su casa, cualquier forma de transporte es buena: la parrilla de una bicicleta, una carreta tirada por burros o la cajuela del coche. Lo importante

Puebla, blinding the drivers of other cars with their brilliant yellow-orange color. For the buyers who take these flowers to their homes, any means of transportation is good: the handlebars of a bicycle, a wagon pulled by donkeys, or the trunk of a car. What is important is to obtain the *cempasuchitl* and red carnations to adorn altars and tombs.

The *ofrenda* or offering, which is the center piece in the manifestation of homage to the dead, has gone through many changes and transformations. Until thirty years ago,

es contar con manojos de esta flor, al igual que de claveles rojos para adornar ofrendas y tumbas.

La ofrenda, que es el centro de la manifestación más importante del culto a los muertos, ha sufrido muchos cambios y transformaciones. Hasta hace unos 30 años era costumbre general colocar las flores exclusivamente en el panteón, en la tumba del difunto. Esta demostración todavía se observa en muchas ciudades pequeñas del país,

it was customary to place the offering in the cemetery next to the tombs. This kind of tradition is still seen in many small towns around the country, but in the capital, the offerings are placed in museums and art galleries, entrusting the work to artists who create the different subjects or motifs. These truly artistic designs are filled with a profusion of aromas and colors in which the flower of the season — the *cempasuchitl* — is the star.

19

aunque en la capital, las ofrendas se despliegan también en museos y galerías de arte. Son obras verdaderamente artísticas cuyos temas o motivos se expresan con profusión de aromas y colores, en las que domina la flor de la temporada, el *cempasúchitl*.

Organizada por el Gobierno del Distrito Federal, al finalizar el siglo XX, el 1 y 2 de noviembre de 1999, se llevó a cabo la Ofrenda del Milenio, en la Plaza de la Constitución. Fue un acto que incluyó música, ofrendas, concursos de pan de muerto y calaveras literarias.

El Zócalo capitalino se dividió en cuatro espacios para celebrar la tradición. En uno de ellos, los asistentes pudieron observar la exposición de ofrendas que colocaron las 16 delegaciones, así como la ofrenda monumental de los "olvidados", un proyecto elaborado por los vecinos del barrio de Tepito. En otra parte, en el Museo del Pan se exhibió panes típicos de toda la República. Aparte, se convocó al público a un concurso con dos aspectos diferentes: el pan de muerto industrial y el pan de muerto casero, cocidos en hornos tradicionales de leña. En el tercer espacio se elaboró otra ofrenda monumental y se creó un panteón con 400 tumbas, con características muy propias, las que no se dan en camposantos extranjeros, y en el último espacio se realizó espectáculos artísticos, con la participación de folcloristas, bandas de música y cantantes.

As the 20th century came to a close, the local government of the Federal District organized the Offerings of the Millennium on November 1st and 2nd at the Plaza de la Constitucion. It was an event full of music, offerings, and contests for Day of the Dead bread and literary poems.

The Zocalo of the capital was divided into four areas to celebrate this tradition. In one such zone, participants were able to witness the exposition of the different offerings created by the 16 city districts, as well as the extensive offerings in honor of the "forgotten ones," a project developed by residents of the Tepito neighborhood. In another area, the Bread Museum exhibited traditional breads of the entire country. Near by, people were summoned to participate in an array of contests: industrial Day of the Dead bread versus the homemade type, which is baked in traditional wood-burning ovens. In the third area another great offering was created and 400 tombs were erected with distinct characteristics not seen in foreign cemeteries. In the final fourth area folkloric dancers, musical bands, and singers performed.

Three processions were organized as part of the celebration of the Offering of the Millennium; one departed from the Palacio de Bellas Artes, the second from Plaza de Santo Domingo, and the third from La Merced neighborhood and they all congregated at the heart of the city: the Zocalo, or Plaza de la Constitucion.

Como parte de la celebración de la Ofrenda del Milenio, se organizó también tres procesiones tradicionales que partieron del Palacio de Bellas Artes, de la Plaza de Santo Domingo y del barrio de La Merced, llegando a la explanada del Zócalo.

Varias toneladas de *cempasúchitl* y miles de veladoras encendidas, después de apagarse las luces del alumbrado público, durante las noches del primero y 2 de noviembre crearon un ambiente irreal de recuerdos en las personas que convivieron la celebración de la última Ofrenda del Milenio, la que concluyó con la entrega gratuita de 300 mil raciones de pan de muerto y de leche entre los asistentes.

Los lugares más notables donde se exhiben ofrendas verdaderamente artísticas son: el Museo–Estudio Diego Rivera, el Museo de Arte Contemporáneo, el Museo del ex Convento del Carmen, en San Ángel y el Museo Diego Rivera de Coyoacán, entre otros. No es extraño encontrar junto a las ofrendas de los centros culturales, esta estrofa del poema "La Vida es Sueño", del escritor español Pedro Calderón de la Barca:

"Toda pompa es vanidad
toda vanidad es locura
todo acaba en sepultura
sólo la muerte es verdad".

En despliegue imponente de arte popular, el Museo Diego Rivera de Coyoacán, presenta todos los años un diseño extenso de figuras de esqueletos, en un sin fin de actividades diarias, con las que se combina la artesanía de Metepec, en homenaje al pintor y muralista Diego Rivera. Este museo que comenzó a funcionar en 1970, está ubicado en el Distrito Federal, en la

At night on November 1st and 2nd, once the streetlights had been turned off, tons of *cempasuchitl* and thousands of lit candles created a surreal setting which those present at the last Offering of the Millennium shared. During the two days thousands of rations of Day of the Dead bread and milk were distributed to those present.

The most prominent places that exhibit artistic designs in their offerings are: the Diego Rivera Studio–Museum, the Museum of Contemporary Art, the Museum of the Ex-Convent of Carmen and the Diego Rivera Museum.

It is not surprising to find the following stanza attached to the offerings in such museums, from the poem "La Vida es Sueño" (Life is but a Dream) written by the Spanish author, Pedro Calderon de la Barca:

"All show is vanity.
All vanity is madness.
All ends at the grave.
Only death is certain."

The Diego Rivera Museum in the suburb of Coyoacan, opens an annual exhibit of popular art which contains an extensive selection of papier mâché skeleton figures in an endless display of daily activities. This show is an homage to Diego Rivera, painter and muralist. The museum is located in San Pedro Tepetlalpan, a small town in the Federal District, Delegation of Coyoacan, which opened in 1970. It takes several months to design and develop the theme of each altar. The elaboration of each motif takes about a week, depending on its design and the weather, since one must wait for the humidity in the paste to evaporate to continue working.

The Diego Rivera Studio–Museum is located in Colonia San Angel Inn where the painter and muralist once

Delegación de Coyoacán, en un pueblo que se llama San Pedro Tepetlalpan. El personal dedica por lo menos cinco meses a desarrollar el tema de la ofrenda, intelectualizando su presentación. La elaboración de cada una de las figuras de papel maché que adornan la ofrenda toma alrededor de una semana, dependiendo del diseño y del clima, ya que hay que esperar que el engrudo se seque para continuar el trabajo.

En el Museo–Estudio Diego Rivera, ubicado en la Colonia San Ángel Inn, que funciona en la que fue la vivienda del pintor y muralista, los altares son cuidadosamente pensados, pues cada año se elabora sobre un tema diferente, aunque alusivos a la realidad socio-cultural del país. El uso de las flores, granos, vegetales, frutas y artesanía es extenso de acuerdo al tema. Estos son enfocados bajo el aspecto tradicional de los diferentes estados de la República Mexicana y los artistas se vuelven artesanos para con sus manos elaborar los altares cuidadosamente, convirtiéndose así el Museo–Estudio Diego Rivera en visita obligada de intelectuales, estudiantes y turistas.

En los hoteles, los diseños están encaminados a demostrar a los extranjeros que la Ciudad de México, en todos sus niveles, rinde abiertamente culto a los muertos. Por supuesto que muchos capitalinos tienen diferentes modos de celebrar esta fiesta, en comparación con las costumbres que se siguen en las pequeñas poblaciones de los diferentes estados de México.

lived. Every year the exhibit displaying these offerings is carefully created with a new theme allusive to the country's socio-cultural reality. Flowers, grains, vegetables, fruits and many artifacts are used to build an altar following the chosen theme. Thus, dedicated artists turn the Diego Rivera Studio–Museum into a main tourist attraction and a source of information about Day of the Dead for intellectuals and students.

In hotels, the purpose of the designs is to show foreign tourists that Mexico City, in all its dimensions, keeps the tradition alive. Although, from the viewpoint of the city's natives, there are big differences in the manner in which they celebrate the Day of the Dead in comparison with the traditions of the provinces.

The rich belonging to the so called "upper class," who are culturally influenced by customs from abroad, publicly participate only as spectators. In their homes, however, many place a glass of water or wine in the memory of the dead, following in this way, the tradition celebrated so vividly in other parts of Mexico. In doing this, they share the respect of the belief that the dead visit the living once a year.

The middle and lower classes celebrate the Day of the Dead as it was done in ancient times. The cemeteries are full of people adorning tombs with flowers, candlesticks, and food. Many take advantage of their trip to the cemetery and enjoy the day as if it were a picnic.

Toda pompa es vanidad
Toda vanidad es locura
Todo acaba en sepultura
Solo la muerte es verdad
1880 - 1978

La gente con dinero, pertenecientes a las llamadas "clases altas", influenciadas por costumbres de afuera, públicamente se limitan a participar como simples espectadores, aunque en sus casas posiblemente recuerden poner un vaso con agua o con vino, en memoria de los fallecidos, siguiendo de esta manera la tradición, aunque sin elaborar el altar. De todas formas, al hacerlo comparten con el resto de mexicanos el respeto a la creencia de que las almas de los muertos llegan a visitar a los vivos una vez al año.

Las clases media y humilde celebran la fiesta de los muertos como en la época antigua. Los panteones se repletan de personas que se vuelcan para adornar las tumbas con flores, con veladoras y con comida. Muchos aprovechan esta ocasión para llevar su propia

In the poor neighborhoods people follow the customs of the provinces. The residents use *cempasuchitl* petals to make a path in front of the homes for the souls to reach the altar that awaits them.

The *cempasuchitl* is used to mark the entrance in front of homes with its intense yellow color so that it is easily seen by the souls who have spent a long time in darkness. A family member must make the path as souls can recognize their relative's body scent. If a stranger makes the path the souls might not recognize it and could lose their way.

The big city markets like the Sonora and the Merced, two of the largest in Mexico City, are filled with flowers from all over the country. These flowers are used in the *ofrendas* set by people.

comida y disfrutar como si la visita al panteón fuera un día de campo.

En los barrios humildes, donde se sigue la costumbre de la provincia, se pueden observar los caminos de flores frente a las casas. Los residentes usan los pétalos del *cempasúchitl* para señalar a las almas la ruta que las conducirá al altar, donde les esperan las diferentes ofrendas que en vida les gustaban.

Se usa el *cempasúchitl* para marcar los caminos frente a la casa porque su color amarillo intenso es más visible para las almas, quienes han pasado en la oscuridad por mucho tiempo. El camino debe ser hecho por un miembro de la familia para que el alma pueda reconocer el olor de su pariente, pues si lo hace un extraño, el alma no puede identificar a su familiar y pierde su camino.

Los grandes mercados como el Sonora y la Merced, éste último tal vez el más grande de la Ciudad de México, después de la Central de Abastos, se llenan de flores de todas partes del país para que los consumidores las usen en sus ofrendas.

La cantidad de obras de artesanía que se expende en la capital mexicana, indica que la industria que genera el Día de Muertos es una de las más importantes del año en la economía de la ciudad, a la vez que demuestra que la tradición está más viva que nunca.

En lo que corresponde a la actividad festiva, aparte de comerse la calaverita de chocolate o azúcar con su nombre, tanto los adultos como los niños compran juguetes con imágenes de la calaca alborotadora, hechas de papel maché, o esqueletos articulados que bailan al tirar de un hilo. Por supuesto que no pasan por alto los cortejos fúnebres hechos de muñecos de papel con cabeza de garbanzo, que se mueven por medio de una manivela, haciendo que salga la cabeza del difunto, del ataúd. Los artesanos aprovechan la oportunidad para escribir mensajes en la caja fúnebre.

The great quantity of special artifacts sold in Mexico City is an indication that the business generated by Day of the Dead is perhaps one of the most important events of the year for the economy of the city. It also shows that this tradition is more alive than ever.

It is common to eat personalized chocolate and candy skulls in these festivities. Children can buy the *calaca alborotadora*, (clattering papier-mâché toys, in the images of happy and jointed skeletons that dance when you pull on a string), paper dolls with heads made of garbanzo beans that move by the means of a thread, making the head come out of a coffin. Craftsman take advantage of this opportunity to write special messages on the coffin.

Members of the Linares family, internationally known craftsman, express the meaning of the Day of the Dead in Mexico through their creations. The *calacas* (skeletons) of papier-mâché which they exhibit almost every year at museums in Mexico City and abroad is a deeply rooted tradition during this time of the year.

One cannot leave unmentioned the verses called *calaveras*, a tradition that consists of writing humorous epithets of family members or famous people. One of the best known *calaveras*, is the one dedicated to an ex-dictator of Mexico, General Porfirio Diaz:

"The English man is a skeleton
so is the Italian
and Maximilian;
the Roman Pontiff,
all cardinals,
kings, dukes and councilmen

Miembros de la familia Linares, un clan de artesanos reconocidos internacionalmente, representan con su trabajo lo que es el Día de Muertos en la Ciudad de México. Las calacas de papel maché que ellos exponen casi todos los años en museos, tanto en México como en el exterior, son una tradición ya establecida en esta fecha.

No hay que dejar a un lado las "calaveras", tradición que consiste en escribir epitafios humorísticos de familiares o personajes célebres. Una de las más conocidas "calaveras", de autor anónimo, fue dedicada al general Porfirio Díaz, y es la siguiente:

> "Es calavera el inglés
> calavera el italiano,
> lo mismo Maximiliano;
> y el Pontífice romano,
> y todos los cardenales,
> reyes, duques, concejales
> y el Jefe de la Nación
> en la tumba son iguales:
> calaveras del montón".

> and the Heads of State
> in the grave are all the same:
> only a pile of skeletons."

Mexico City's history reveals that the golden age for this kind of poetry and popular expression occurred during Porfirio Diaz' Presidency. The best known turn-of-the-century graphic artist was Jose Guadalupe Posada. One of his most recognized skeleton images is the *Catrina* (the aristocrat skeleton) which is represented also in *papel picado* (cut outs of tissue paper) and is used to decorate altars.

One of the main objectives of the celebration of Day of the Dead in Mexico City is to welcome the spirits of the loved ones who return to visit and eat with their living relatives. In middle and low income families the table becomes the altar with *tortillas*, beans, chiles, rice and other dishes, along with sweet pumpkin, *pulque* (fermented drink), *atole* (blue corn flour drink), and bread of the dead.

The custom of sharing a meal with the souls of the dead is a mystical ceremony that encompasses fear and uncertainty, but at the same time evokes irony and sarcasm towards the unknown.

Haciendo historia sobre la Ciudad de México y esta tradición, la época de oro de este género de poesía y gráfica popular fue la porfirista; su representante gráfico más destacado fue José Guadalupe Posada. Una de sus imágenes clásicas es la "Catrina", la cual es representada hasta la saciedad en el papel picado con el cual se adornan los altares.

Es indudable que, durante la temporada de muertos, la Ciudad de México se viste de fiesta para recibir a los espíritus que regresan a convivir y comer con sus parientes vivos. En los hogares de clase media y humilde no falta la mesa, convertida en altar en la que hay tortillas, frijoles, chiles, arroz y otros platillos del consumo diario, además de las especialidades de la estación: calabaza en tacha, pulque, atole de maíz azul y pan de muerto.

La costumbre de compartir la mesa con las almas de los difuntos es un misticismo que encierra temor y desconcierto, pero que también contiene ironía y sarcasmo ante lo desconocido.

En una mezcla de lo serio y lo cómico, la celebración de la fiesta de los muertos va desde exposiciones alusivas y obras de teatro a conferencias y ciclos de música. Motivos sobresalientes son los concursos de altares, de calaveras y de pan de

It is a mixture of solemnity and gaity which is expressed through art exhibits, plays and music. There are also altars, *calaveras* (verses) and *pan de muerto* (bread of the dead) contests. This tradition involves students of elementary schools who create verses dedicated to characters that they see in their everyday lives like the night watchman, the organ-grinder, the used-clothes dealer, etc.

Bakery display windows are decorated with figures and verses dedicated to the deceased. People select the kind of bread that they want to offer to their ancestors, a treat that is later enjoyed by members of the family.

Some say that this celebration serves to benefit the local economy. Hundreds of people are hired to clean tombs, fix and place offerings. The delivery of flowers

muerto. Envuelve, también, a los estudiantes de las escuelas primarias, sembrando en ellos el respeto a la memoria de sus muertos, incluyendo el concurso de versos en rima, en donde escriben su calavera dedicada a personajes que todavía simbolizan el espíritu típico de la ciudad como el ropavejero, organillero, camotero, globero, sereno, etc.

Las vitrinas de las panaderías se pintan con motivos y versitos alusivos para que el público escoja la clase de pan que desea ofrecer a sus fallecidos; pan que luego es saboreado por los miembros de la familia.

Se puede decir que la presencia de la Gran Igualadora durante esta temporada, favorece a la economía local, pues da oportunidad de trabajo temporal a varios miles de personas en los panteones, limpiando criptas, arreglando y colocando ofrendas. Además, consigue movilizar por las carreteras que llevan a la capital, miles de toneladas de flores, para invadir mercados públicos, tianguis y mercados sobre ruedas.

En medio de este torbellino de actividades, los habitantes de la capital mexicana viven sus experiencias personales, recordando a quienes cruzaron antes que ellos, el río que separa la vida de la muerte. En esta dualidad de nacer y morir, de iniciar y terminar un ciclo, ¿rinden ellos culto a la muerte? o ¿no será más bien que realizan un homenaje a la vida a través de la muerte?

mobilizes thousands of trucks carrying tons of flowers to public markets, *tianguis* (fair–markets) and mobile markets.

At the center of this whirlwind of activity, the inhabitants of Mexico City remember those who have crossed before them, the river that separates life from death. In this two-fold experience of life and death, the beginning and the end of a cycle, do these people pay homage to death, or could it be, that they actually revere life through death?

31

san andrés mixquic
SAN ANDRES MIXQUIC

33

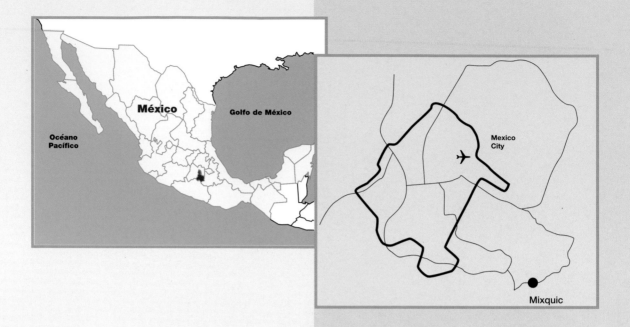

Mixquic

San Andrés Mixquic está ubicado a 44 kilómetros al sureste de la capital, en un gran valle formado por el lecho seco del lago de Chalco. En su mayor parte, sus habitantes son oriundos del lugar, siendo sus antepasados los chichimecas y toltecas. Mixquic fue fundado alrededor de 1168.

Con la llegada de los primeros misioneros españoles, fueron los agustinos, en el año de 1533, quienes le dieron el nombre de San Andrés Mixquic, en honor al apóstol San Andrés.

En la actualidad es parte de la Delegación Tláhuac, una de las 16 delegaciones del Distrito Federal. Junto con Xochimilco y Tláhuac, Mixquic es una de las poblaciones nahuas más importantes en el área.

Mixquic

San Andres Mixquic is located in a vast valley formed by a dry bed of lake Chalco, 27 miles southwest of the Mexican capital. By the most part, its inhabitants are native of this region — their legacy stems from the Chichimecas and Toltecas. Mixquic was founded in approximately 1168.

The Augustines, who came with the arrival of the first Spanish missionaries in 1533, gave this region the name San Andres Mixquic in honor of the apostle Saint Andrew.

Currently San Andres Mixquic is part of the Tlahuac territory, one of the 16 delegations of the Federal District. Together with Xochimilco and Tlahuac, Mixquic is one of the most important Nahuatl cities in the area.

La belleza que pasa
y regresa a Mixquic

La pequeña chinampa por el canal navega.

–¡Abre la puerta madre! Para que se sorprenda

el alma vagabunda que viene a nuestra ofrenda;

los espejos del agua la han dejado muy ciega ...

pero a tientas y sola a nuestra casa llega.

Prepara la comida. Que la muerte comprenda

que este afán de la vida lo ofrecemos en prenda

para entender más claro, lo que el misterio lega.

– Sí, hija mía. Está abierta, muy limpia, nuestra casa.

Las luces, el incienso, los tamales, las sillas

y la cama bien hecha con flores que compramos.

Beauty which Departs
but Returns to Mixquic

The small floating island travels through the canal.

– Open the door, mother! So that we can surprise

that wandering soul who has arrived at our offerings;

the mirrors of the waterways have blinded her ...

En Mixquic la Comunidad Entera Vive El Culto a los Muertos

Uno de los lugares más atractivos, por reflejar con mayor autenticidad las costumbres típicas antiguas, es San Andrés Mixquic. Cada año llegan a esta pequeña ciudad millares de visitantes de dentro y fuera del país, para celebrar "El Culto a los Muertos".

La celebración de Día de Muertos en Mixquic, de origen prehispánico, ha sido preservada en este lugar reafirmando sus valores culturales. Allí, los olores de diferentes sahumerios, flores y veladoras se mezclan para convertirse en un exótico aroma que se esparce por todo el ámbito de la población al atardecer del 2 de noviembre y continúa hasta el amanecer del siguiente día. El aroma gradualmente se desvanece a medida que los habitantes del lugar, tranquilos y felices por haber cumplido con la tradicional costumbre de homenajear a los muertos, abandonan el cementerio y regresan a sus hogares.

El festejo comienza una semana antes con la limpieza y adorno de cada casa, ya que las ánimas deben encontrar el lugar donde vivieron, limpio y fresco. Existe la idea de que si la casa no está aseada las ánimas se molestan y puede llegar a occurrir sucesos desagradables.

Esta celebración se inicia el 31 de octubre con meditaciones y oraciones por el eterno descanso de las almas de los niños difuntos. Sobre una mesa se levanta un altar arreglado con alhelíes blancos, que significan pureza y ternura y junto a él, se coloca un vaso con agua para las almitas que llegan con sed y un plato con sal para la comida del camino cuando vayan de regreso. Se ponen cirios sobre candelabros blancos —uno por cada niño muerto en la familia—, se incorporan figurillas de barro y se prepara el copal y otros inciensos para el sahumerio.

In Mixquic the Whole Community Lives the Tradition

San Andres Mixquic is one of the most beautiful places to visit because of its stronghold to ancient traditions. This small town near Mexico City attracts thousands of people from neighboring towns and states, and from different parts of the world to celebrate the traditional "Cult of the Dead".

In Mixquic the celebration of Day of the Dead, with its pre-Hispanic origins, has remained unchanged, reaffirming its cultural values. There, the aromas of incense, flowers and burning candles, create an exotic essence that spreads like mist at dusk on the second day of November. At dawn, the aromas gradually dissipate as the residents depart; happy and reassured for having fulfilled their duty of honoring the dead, they leave the cemetery to return to their homes.

The festivities begin with the decoration of the homes, which have been thoroughly cleaned in advance. The visiting souls must find the place where they lived, clean and fresh. Many people believe that if the house is not clean the souls will be displeased and unpleasant events may occur.

The celebration starts on October 31st. As the people of Mixquic engage in meditation and prayer at their homes; they pray for the eternal rest of the souls of the children who have passed away. An altar is built on a table and it is adorned with white *alhelies* (lily flowers). A glass of water is placed next to the lilies for the little souls that may be thirsty; a dish with salt is also placed for the souls to take along with the food as they return to their resting place. Between clay figurines, large, thick candles burn and the aroma of incense and *copal* fill the air. Each candleholder holds a white thick candle representing a deceased child in the family.

Para diseñar los altares u ofrendas se usan roscas de pan, rosadas, sostenidas por pedazos de caña de azúcar, con los que se producen verdaderas obras de arte. En la parte superior de la puerta se coloca un farol en forma de estrella, cruz o barrilito, que se alumbra con una vela. Este farol indica que en esa casa se están velando las almas de los niños.

A las doce del día del 31 de octubre, doce campanadas de la torre de la iglesia de la parroquia de San Andrés Apóstol marcan el inicio de la celebración y anuncian la llegada de las almas de los niños (los santos inocentes) y las de los adultos no bautizados, "las que viven sonrientes entre las chinampas". En primer lugar se enciende un cirio pequeño, se coloca un vaso con agua, sal, flores blancas y se riegan pétalos del mismo color, desde la entrada de la casa hasta el altar.

A las 15 horas hay un repique de campanas que indican el momento de la oración y se agregan al altar frutas, pan, tamales de dulce, chocolates, atole, juguetes, incienso y se prenden más velas pequeñas. El primero de noviembre se les sirve el desayuno y continúa su velación hasta el medio día, en que doce campanadas anuncian esta vez la partida de los visitantes pequeños, momento en que los familiares se apresuran a apagar los cirios. A continuación se escucha el doblar de las campanas señalando el arribo de las almas de los difuntos adultos.

In the design of the altar, colored wreath-shaped bread and pieces of sugar cane are also used. A street lamp shaped like a star, a cross or a barrel, which is lit with a candle, is placed on top of the main-entry door. This is an indication that the family is keeping vigil for the souls of deceased children.

At noon on October 31st, the sound of bells tolling twelve times atop the tower of the church of San Andres, marks the beginning of the celebration and announces the arrival of the souls of dead children and non-baptized dead adults. These are the souls of "those who happily dwell among the floating gardens." First, a small candle is lit; then a glass of water, salt and white flowers are used as well as white petals which are scattered from the entrance leading up to the altar.

At 3 o'clock a ringing of bells announces time for prayer and at this time fruits, bread, *tamales*, *atole*, toys, incense are added to the altar and small candles are lit. Breakfast is served on the morning of November 1st and the wake continues until noon. At this time the bells toll again, announcing the departure of the young souls. The candles are extinguished and, almost simultaneously, another bell tolls announcing the arrival of the dead adult souls.

Con las almas de los niños se va también la blancura de la ofrenda. Los alhelíes blancos son reemplazados por el *cempasúchil* amarillo. Los candelabros blancos son sustituídos por otros negros que sirven de base a las velas. A las 15 horas repican las campanas llamando a la oración. Cuando termina se enciende una vela dedicada a un difunto en particular y finalmente se encienden otras para las ánimas olvidadas.

En Mixquic, al igual que en muchas poblaciones de diferentes estados, se marca el camino con pétalos de *cempasúchil* desde la puerta de entrada hasta el sitio donde se levanta la ofrenda. La ofrenda, por los detalles de su decorado, se convierte en un recuerdo gráfico de los gustos del difunto. En ella se puede ver un sarape si fue hombre o un rebozo si fue mujer, o ambos si fueron una pareja. En algunos hogares colocan la fotografía del difunto junto a las velas.

La costumbre de colocar en el altar una fotografía del difunto no se usa en Xochimilco, a pesar de estar tan cerca de Mixquic y de ser también un pueblo nahua. Según la etnóloga Anahuac González, la celebración de Día de Muertos viene de épocas prehispánicas y su nombre original es *Milcahuipil.* De acuerdo a la creencia de entonces —y que dura hasta hoy—, los difuntos llegan a visitar a los vivos quienes preparan condimentos exquisitos para esta ocasión. La forma primitiva de la ofrenda, por supuesto, no incluía fotografías o imágenes religiosas.

Como en Xochimilco, la ofrenda que se elabora en Mixquic incluye alimentos y frutas en conserva, dulces de calabaza de tacha, tamales, ropa e instrumentos de trabajo al que se dedicó el difunto. Los altares son diseñados con adornos realizados en papel de china de diferentes colores, todos alusivos al motivo que se celebra. Alrededor del altar se acomodan sillas, para que las almas se sienten a comer y se dispone de una cama limpia para su reposo.

A las 19 horas del primero de noviembre, en Mixquic, las campanas doblan anunciando "la hora del campanero". Los niños de la familia, entre los siete y doce años de edad, se reúnen en grupos para visitar las casas de sus parientes,

With the departure of the children's souls, the white color of the offerings also vanishes. The yellow *cempasuchitl* flower replaces the lilies. Black candleholders that hold many candles, one for each dead relative, replace the white ones. At 3 o'clock bells toll once again calling people to pray. At this time a candle is lit honoring a specific family member and finally others are lit for the forgotten souls.

In Mixquic as in other towns of different states, petals of *cempasuchitl* are used to guide the souls from the front door to the altar. The offerings are true tokens of remembrance of the deceased's favorite things: a *sarape* for a man or a *rebozo* (shawl) for a woman, or both for a couple. In some homes a photograph of the deceased is placed next to the candles.

The custom of using a photograph of the deceased is not practiced in Xochimilco despite its closeness to Mixquic and its Nahuatl culture. According to ethnologist Anahuac González, the celebration of Day of the Dead is derived from pre-Hispanic rituals. The ancient Mexicans used to call it *Milcahuipil.* According to the beliefs of those times — which are alive today — this was a time when the dead would arrive to visit the living and when the most exquisite condiments were prepared in their honor. This tradition in its original form did not include the use of photographs or religious images.

The offerings in Mixquic as in Xochimilco include preserved fruits, *tamales*, pumpkin, and candy, along with clothes and tools the deceased used for work. The altars are decorated with designs made from multi-colored tissue paper. Chairs are arranged around the altar for the souls to sit and eat, and a bed with clean sheets is available for their repose.

At 7 o'clock on November 1st, groups of children between the ages of seven and twelve meet to visit relatives, friends and neighbors. Carrying a bell and an empty bag they pray at every stop. When the prayer is over, they ring their bells and sing: "Bell ringer, my *tamale*, don't give me one from the table or it will make me ill." This lets the host know that it's time to share the offerings with the children.

amigos y vecinos para rezar. Ellos llevan consigo una campana y una bolsa vacía. Al terminar las oraciones tocan la campana en espera de que el dueño de la casa comparta con ellos algo de la ofrenda, mientras cantan: "A las ánimas benditas les prendemos sus velitas, campanero, mi tamal, no me des de la mesa, porque me hace mal".

A las 24 horas de ese día, se da "el toque de ánimas", en la campana de la iglesia y en todas las casas rezan a sus difuntos. Al terminar, cada miembro del hogar enciende una vela y cuando ésta se consume, se enciende otra "para las almas olvidadas".

A las 12 horas del 2 de noviembre, las campanas de la iglesia avisan con 12 tañidos, la partida de los difuntos. Sus familiares anhelan que ellos se alejen satisfechos de su visita y de la fiesta que se hizo en su honor. Este día, desde temprano en la mañana, los habitantes de Mixquic van al camposanto a limpiar y adornar cada una de las tumbas.

El cementerio de San Andrés Mixquic está situado a un lado de la calle principal, a un costado de la Biblioteca Pública y tiene acceso lateral desde la plaza mayor o Zócalo del pueblo. En el centro del cementerio se encuentra la iglesia, desde la cual se conduce, paso a paso, cada uno de los rituales.

No es raro ver en el cementerio a un hombre de rodillas, inclinado sobre una tumba, con sus manos enlodadas dando forma con ellas a la tierra que cubre el cuerpo de la persona amada. Más allá, se observa a una niña que echa agua sobre una lápida, mientras su madre barre el polvo con una escoba.

Cientos de manos deshojan *cempasúchitl*, claveles rojos y blancos, para proporcionar el material con el que se realizan bellos y llamativos mosaicos. Es tan amplio e intenso el color amarillo, que adquiere una brillantez deslumbrante cuando se ilumina con el sol del mediodía.

Horas de amoroso trabajo producen cientos de "tapetes", al estilo oaxaqueño, sólo que estos son confeccionados sobre las tumbas de un ser querido, en lugar de en

At midnight, the church bells ring again calling people to pray at every home for the dead members of each family. Later, they light a candle for each deceased relative plus an extra one for a "forgotten soul".

At noon, November 2nd, the church bells ring twelve times to announce the departure of the dead that now leave content with their visit and with the fiesta given in their honor. Early in the morning on this day, families start their rounds of the cemeteries, cleaning and decorating the tombs.

The cemetery of San Andres Mixquic is located to the side of the main street and next to the public library. It has a side entrance from the town's main plaza or *Zocalo*. At the center of the cemetery is the church, in which the procession of each ritual step by step is conducted.

It is common to see men working on their knees in the cemetery, bent over a tomb in the mud to give shape to the ground that covers the tomb of a loved one. A few steps ahead a girl is pouring water over a gravestone while her mother sweeps away the dust.

Hundreds of hands pull petals from *cempasuchitl* and from white and red carnations. This is the material used to create remarkable tomb mosaics of various designs. The vibrant color of the yellow petals becomes even brighter at noon under the sun. The yellow coloring is so ample and intense, that the brilliance of these mosaics is truly dazzling as the midday sun illuminates them.

Hours of loving care and hard work result in hundreds of mats (*tapetes*), resembling the style of those made in Oaxaca for a traditional contest. Unlike the Oaxacan mats, these are made over the tombs instead of on the street.

At dusk, on November 2nd, relatives and friends begin to light candles. At first, the lights of the candles blend with the golden tones of the sunset, but soon — maybe too soon, for those who share this experience for the first time — the lights take a life of their own. The cemetery becomes

la calle, como sucede en la ciudad de Oaxaca, cuando convocan a los concursos.

Al atardecer del 2 de noviembre, familiares y amigos comienzan a encender cirios y veladoras. Al principio la llama de las velas se confunde con los tonos dorados del ocaso, pero pronto, quizás demasiado pronto, para quien vive esta tradición por primera vez, las luces comienzan a tomar su propia identidad. El cementerio se convierte en una sábana de velas en las que las llamas se confunden unas con otras que, mezcladas con las formas espirales y ascendentes del humo de los sahumerios, crean una visión irreal. Es una mezcla brillante de luces con tonos amarillos en un momento y azulados en otros. Las llamas de las velas y el humo de los sahumerios compiten y bailan al ritmo de la suave brisa vespertina.

Junto a las tumbas adornadas con diseños de singular belleza, con el amarillo de las veladoras y el manto azul que crea el humo de los sahumerios, están las figuras humanas, inclinadas y envueltas en rebozos y sarapes, evocando imágenes queridas en esta noche tan llena de misterio y tradición.

En ciertos momentos, se tiene la impresión de que el recuerdo vívido de un deudo se va a materializar ante este derroche de luces y de incienso. ¿Y quién puede negar la

a blanket of candles whose flames mix with the spiraling smoke of incense to create a surrealistic vision. It is a brilliant mixture of lights, bright yellow one moment and deep blue the next. The flames and the smoke compete and dance in the gentle breeze of the early evening.

Next to the dazzling tombs decorated with beautiful designs, along with the bright yellow flames of the candles and the bluish smoke of incense, are the bent figures of relatives wrapped in rebozos or sarapes. On this night filled with mystery and tradition, they evoke the memory of their loved ones.

It seems at times that the intangible memory of the dead may materialize before this extravagance of light and burning incense. And who can deny the possibility of souls appearing through the dancing smoke of the burning incense, as it moves with the rhythm of the cold wind? It is a night of loving devotion at the foot of a tomb. It is a night of mysteries in the thoughts of each living person invoking the memory of a loved one. It is the night in which, according to legend, the souls return guided by a lighted path of hundreds of diminutive flames. Here the vigil focuses on the candles, the burning of *copal* and prayers.

On November 3rd the townsfolk exchange offerings

posibilidad de que las almas se confundan con el humo de los sahumerios que danzan movidas por las ráfagas del viento cálido, que poco a poco se enfría, a medida que la noche avanza? Noche de amor compartido al pie de una tumba. Noche de misterio en el pensamiento de cada persona que evoca a un ser querido. Noche en que, de acuerdo a la leyenda, las almas vuelven por un camino iluminado por miles de llamas diminutas. La vigilia en el camposanto de esta población se hace entre cirios, sahumerios y oraciones.

among friends, neighbors and family. They greet each other with phrases filled with fraternal affection: "Here's the gift that my beloved deceased left for you." Or, when the visit is over: "… please take this offering that our beloved deceased left for you."

Death is the great mystery that man has tried to solve over the ages. People claim that only those who have crossed that threshold know the mystery behind it — Mexicans mock this enigma. They write *calaveras* (rhymes); they make bread skulls and candy skulls; they share death

El 3 de noviembre, los habitantes del pueblo se intercambian las ofrendas entre amigos, vecinos y familiares con frases en las que se siente la fraternidad, cuando dicen al llegar de visita, "aquí está la ofrenda que dejaron los muertitos para usted"; o cuando se termina la visita, "llévese esta ofrenda que los muertitos dejaron para usted".

La muerte es el gran enigma que el hombre constantemente trata de descifrar. Sólo los que han cruzado su umbral conocen la respuesta. Es una incógnita de la que el mexicano se burla a su manera, materializando el misterio en calaveras literarias, en calaveritas de dulce y en pan de muerto. Lo comparte con sus familiares y amigos y termina comiéndose la muerte representada en una calaverita de azúcar o chocolate. Los niños también, a su manera, incor-

with family and friends and they even eat it in the form of candy skulls or bread shaped like skeletons. Children incorporate this tradition to their lives in their own particular way. They go *calavereando* or "skulling" through the neighborhood, carrying shoe boxes shaped as skulls and asking for "a little skull," meaning a little treat, on the night of November 2nd.

On this special day, everyone feels the futility of human existence that time has turned into a memory, and the solidarity of mankind leaves a sweetness in the heart.

The canals of San Andres Mixquic serve as mirrors where foreigners see the reflections of one-story homes, as well as the customs and traditions of its inhabitants. On November 2nd small floating altars traverse these canals

51

poran en sus vidas esta tradición al "calaverear", en el vecindario, con cajas de zapatos a las que les dan forma de calaveras y con las que solicitan "una calaverita", la noche del 2 de noviembre.

Todos sienten en esta fecha, más que en ninguna otra, la fragilidad de su propia existencia, el tiempo convertido en recuerdo y la solidaridad que deja dulzura en el corazón.

Los canales de San Andrés Mixquic son como líquidos espejos en los que se refleja el paisaje con sus viviendas de

that surround the town. The extended hospitality to outsiders, leaves a memorable experience in the minds of those who visit from afar as they are invited to participate in their traditions and learn about their history and philosophy about death.

To be in Mixquic for the Day of the Dead celebration is to live an unforgettable experience, as profound as death that is always alive in classic, romantic, or popular literature. As an example, here is this popular stanza:

un piso, sus costumbres y sus tradiciones, y el 2 de noviembre pequeñas chinampas con altares flotan por estos canales. La generosa hospitalidad de sus habitantes es proverbial puesto que abren las puertas de sus hogares para que "el de afuera", el que viene de lejos, contemple su ofrenda, aprenda su historia y se adentre en su filosofía sobre la muerte, lo que deja en el visitante un recuerdo profundo e imperecedero. No puede ser de otra manera.

Imperecedero y profundo es el tema de la muerte en la literatura universal, ya sea en su manifestación clásica, romántica o popular. Para prueba, la estrofa que sigue:

"Ya llega la Calavera
bailando el carisisqui
y viene para llevarse
a los que visitan Mixquic".

(**Tacho**, *Bardo popular*)

"Death has arrived,
dancing the *carisisqui*,
she has come to take with her
the visitors of Mixquic."

(**Tacho**, *Street Poet*)

el estado de morelos

THE STATE OF MORELOS

56

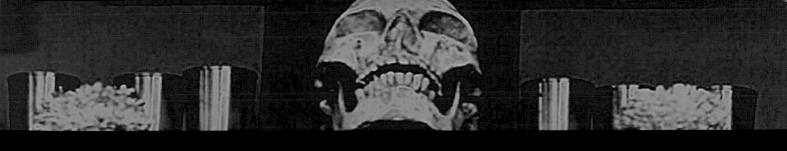

Mensaje en Colores

Una vela encendida. Una cara. Un recuerdo
y un cordón arco iris: protección del remanso.
Collares. *Cempasúchitles*, cadenas prehispánicas,
    canciones,
medallas de papel, llamas hablando al viento
el diverso lenguaje fallecido.
Es la hora suprema de la celebración
o el hilo de la muerte, enebrado
en la aguja del tiempo.
Es la descomposición de la materia, transformada en arte.
Es la postrimería resucitada en Ocotepec.
Sí. Un sueño eterno de flores incorruptas y de algarabías.
Es el lamento de la muerte desvanecido
y es también el respeto hecho ofrenda.
¿Quién podría decir tanta belleza en una tumba?
El mole. El vaso de agua. El copal. La sal. Las oraciones.
Los cohetes. La fruta. El pan. La música.
Los corridos. Las bolas. Los romances.
La historia enaltecida. La creatividad expresada
en lo más descarnado...
Y es el morado, en blanco, en azul, en rosa de elegías.
Es un golpe de gracia tan elevado como el fuego de
    artificio
que expresa la presencia del alma en la oscuridad.
Algo así como el martirio en llamas florecido.
Un arreglo para el finado o la exquisitez póstuma
de lo que uno piensa que es el más allá: colores.
En Morelos todo es posible
lo fúnebre se reconcilia con la vida y vence,
vuelve a ser por un rato, alegría, costumbre lúdica
que supera la realidad.
Fue ante estas sepulturas adornadas, cuando supe,
que en Ocotepec, como en mi corazón,
los difuntos regresan cada año, a repetirnos que nos aman.
Y que sólo el AMOR puede salvarnos.

Julie Sopetrán
(Poetisa española, 2000)

Message in Colors

Lit candles. Faces. Memories
and an entrance that's a rainbow: protection for the place
    of rest and meditation.
Necklaces. Cempasuchitl, pre-Hispanic links, songs,
paper medals, flames talking to the wind
the diverse language departed.
It is the prime time of the celebration
or death's thread, threaded
through time's needle.
It is the decomposition of matter, transformed into art.
It is the final curtain awaken from death in Ocotepec.
Yes. An eternal dream of uncorrupt flowers and of
    gibberish.
It is death's lament, fading away
and it is also the respect made a tribute.
Who could have imagined so much beauty on a tomb?
Mole. Glass of water. Copal. Salt. Prayers.
Firecrackers. Fruits. Bread. Music.
Corridos. Bolas. Romantic songs.
History, praised. Creativity, expressed
in its most raw form ...
And it is the color purple, elegies in white, blue, and pink.
It is a blow from grace so heightened as artificial fire
that reveals the soul's presence in the darkness.
Something like the flowering of martyrdom in flames.
An arrangement for the end or the posthumous splendor.
In Morelos everything is possible
gloom battles with life and its victor,
it is once again for a little while, happiness, live tradition
which overcomes reality.
It was before these ornate gravesites, when I knew
that in Ocotepec, as in my heart,
those that have departed return every year to remind us of
    their love.
And that only LOVE can save us.

Julie Sopetran
(Spanish poet, 2000)

58

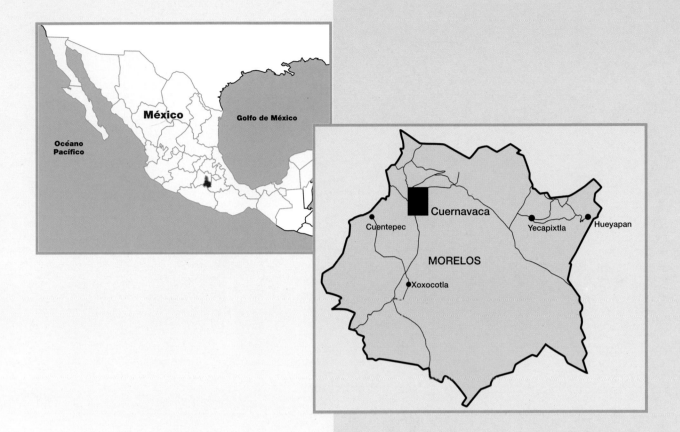

Estado de Morelos

A escasos 85 kilómetros de Ciudad de México se encuentra Cuernavaca, capital del estado de Morelos, conocida como el "paraíso terrenal", por la belleza de los jardines que adornan sus casas solariegas y las mansiones de reciente construcción. La vegetación que caracteriza a esta ciudad se debe al clima primaveral del que goza, aunque al desplazarse hacia las poblaciones aledañas el verdor se manifiesta igualmente exuberante.

En el estado de Morelos se localiza en el Centro-Sur del país. Colinda con cuatro estados: al norte, con el Distrito Federal; al noroeste y oeste con el estado de México; al este y sureste, con el de Puebla, y al sur y suroeste con el de Guerrero. Se distinguen tres regiones: la Sierra Alta, el Piedemonte y los Valles, que presentan paisajes variados en su flora y fauna.

Morelos ha sido considerado como el *Tamoanchán,* el paraíso terrenal de la mitología indígena, donde la naturaleza dejó muestra de lo mejor de su obra.

Morelos State

Cuernavaca, the capital city of the state of Morelos and well-known as "paradise on earth" known for the beauty of its gardens which adorn summer homes and newly built mansions, can be found a mere 53 miles from Mexico City. The flora and fauna that characterize this city is largely due to the spring-like weather that it enjoys; this greenery equally extends to the far-reaching countryside towns.

The state of Morelos is located in the central-southern part of the country. It borders four states: the Federal District towards the north; the state of Mexico towards the west and northwest; the state of Puebla towards the east and southeast; and the state of Guerrero towards the south and southeast. The three regions that characterize Morelos: the Sierra Alta (High Sierra), the Piedemonte, and the Valleys, represent the diversity of this state's flora and fauna.

Morelos has been known as *Tamoanchan,* the earthly paradise in indigenous mythology where nature left evidence of its best work.

60

El Dar y Recibir, Testimonio de Convivencia Física y Espiritual en Morelos

En el estado de Morelos, al igual que en todo México, la muerte significa continuidad, permanencia y renovación, por ello, acogida por esta forma de verla, no podía comenzar esta nueva jornada de investigación sobre Día de Muertos aquí, sin primero ir al tianguis de Yecapixtla, donde la vida se vive, transforma y comparte en cada uno de los puestos dedicados a la venta de artículos para honrar a la muerte. Se le llama tianguis grande a este mercado porque concurren la mayoría de los comerciantes de la zona para vender sus productos, cubriendo varias cuadras de extensión. Allí vi una gran variedad de objetos que luego identifiqué en los altares de las casas que visité, por supuesto cada una mostrando sus respectivas singularidades de acuerdo a la forma de celebrar en las diferentes poblaciones del estado.

De las manos de los artesanos morelenses cobran vida los objetos rituales que son colocados en las ofrendas y las tumbas. Son artículos que responden a una necesidad de uso diario y en el mercado de Yecapixtla se puede conseguir los tapetes de paja, jarros, cazuelas, platos y los adornos de colores alegres, al igual que las velas y el papel de china de tonalidades claras, así como la flor de nube que es blanca y diminuta, para colocar en el altar de los niños.

Para los adultos, en cambio, está la cerámica de color negro, vidriada, procedente del Barrio de la Luz, del estado de Puebla y las flores de *cempasúchitl*, de terciopelo rojo,

To Give and To Receive: A Testament of Physical and Spiritual Coexistence in Morelos

In Morelos, as in every other state in Mexico, death symbolizes continuity, eternity and renovation. For this reason, I could not have started this new journey without first visiting the *tianguis* (market place) of Yecapixtla. Here life is lived, transformed, and shared in every market stand devoted to the sale of items to honor death. This market is known as *tianguis grande* (grand market place) because a large number of the area's vendors gather here to sell their wares, taking over many street blocks. I witnessed a great variety of objects, which later I saw on the altars of the different homes I visited. Naturally, each altar displayed a unique arrangement following the custom of the different parts of the state.

Ritual objects placed in offerings and on tombs are the creations of the crafts people of Morelos. These are items for everyday use and in the Yecapixtla market place you can easily find the hay mats, jars, pots, plates and all the vivid, multicolored ornaments, as well as candles and papier mâché in pastel hues; you will also find there the *flor de nube* (flower of the clouds) which is diminutive and white in color and is placed on altars created for children.

For adults, however, there is glazed black ceramic, originating from the Barrio de la Luz (Town of Light) located in the state of Puebla as well as the *cempasuchitl* flower and the *terciopelo rojo* (red velvet) flower, together

junto con nardos y "albácar". Los puestos de venta en el mercado con pan de muerto, pan de cocolitos en forma de animales, figuras de azúcar o "alfeñique", copal, velas, petates, dulces de frutas confitadas, calaveras de amaranto, legumbres y frutas son interminables.

El ir y venir de la gente, los sonidos, aromas y colores instan a continuar el recorrido por varias horas. El visitante no puede resistir la energía que predomina en el lugar, dejándose envolver por ella entre compra y compra que hace en los diferentes puestos, adquiriendo desde los dulces tradicionales, hasta las velas color café, el aromático copal o el molcajete, todo con el objeto de llevárselos de recuerdo.

Factores que predominan para la celebración

Según la antropóloga Tonantzin Ortiz Rodríguez, quien se basa en las experiencias que ha tenido en el trabajo de campo, la celebración de Día de Muertos tiene que ver con muchos factores. "No se trata solamente de la cuestión religiosa y la convicción de que es un reencuentro familiar con los fallecidos, sino que es también el reencuentro y convivencia con los que han emigrado a otros lados y regresan a visitar las tumbas de sus familiares muertos. Tiene mucho que ver con el final del ciclo agrícola, cuando los habitantes recogen sus cosechas y cuentan con los recursos económicos necesarios para ofrecer los alimentos, bebidas y adornos, que son muy costosos".

En los rituales prehispánicos nahua habían dos celebraciones dedicadas a la muerte: la de los pequeños difun-

with carnations and *albacar*. Street stands which sell day of the dead bread, bread in the shape of rings and animals, sugar figurines or "*alfeñique*", *copal*, candles, blankets, candied fruits, and amaranth skulls are innumerable.

The bustle of the people, the sounds, the aromas and the colors impel the visitor to sightsee for many hours. The visitor cannot help but feel the excitement that is present in this place and allows himself to be enveloped by it through the different purchases made in the various stands; the objective of these buys is to remember through the purchase of traditional candies, brown candles, aromatic copal[1] and a *molcajete* (mortar and pestle).

Principle Aspects of the Celebration

According to anthropologist Tonantzin Ortiz Rodriguez, who based his findings on field experiences, the Day of the Dead celebration is a result of many factors: "It does not only deal with religious issues or the conviction that it represents a family reunion with those that have departed, but rather, it is also a gathering and sharing with those that have emigrated to other locations and now have returned to visit the tombs of their deceased relatives. It has much to do with the agricultural cycle, when locals harvest their fields which provide the necessary income to acquire food, drink, and decorations, which are all very costly."

In Nahuatl pre-Hispanic rituals, two celebrations that honor death existed: one dedicated to deceased children and another dedicated to deceased adults. These celebrations were

tos y la gran celebración de los muertos grandes, en los meses *ochpaniztli* y *teotleco,* al terminar de levantar las cosechas, durante los cuales se ofrendaban flores de *cempasúchitl* y tamales de maíz. En la actualidad, se celebra en forma festiva a los muertos, en fechas aproximadas a la época anterior a la conquista española.

La antropóloga Tonantzin Ortiz Rodríguez está de acuerdo con muchos profesionales de su campo, quienes consideran ésta como la festividad más importante de México ya que, incluso en el hogar más humilde, los miembros de la familia reúnen durante todo el año lo que pueden para levantar la ofrenda en las fiestas de finados, preparar los platillos tradicionales y convivir con sus familiares. Ésta es una celebración individual puesto que es la familia del muerto la que paga todos los gastos, aunque pueden participar parientes y amigos, contribuyendo con su trabajo en la preparación, por ejemplo, de los tamales. En cambio, en las fiestas patronales, la celebración es comunitaria, se juntan varios para costear los gastos de la festividad.

Una de las costumbres que se pueden destacar en el Día de Muertos en el estado de Morelos es el hecho de que en algunas poblaciones, los habitantes de las casas se salen

held in the *Ochpaniztli* and *Teotleco* months at harvest time during which offerings were given in the form of *cempasuchitl* flowers and corn *tamales*. Currently, the deceased are honored in a jovial celebration at around the same time in which as they were honored prior to the Spanish conquest.

Anthropologist Tonantzin Ortiz Rodriguez agrees with many experts in her field, who consider the Day of the Dead the most important celebration in Mexico, due to the fact that even in the most humble of homes, the family members save throughout the year whatever they can afford in order to be able to provide offerings, prepare traditional dishes, and share with other family members. This is a personal celebration since it is the family of the deceased who must cover all the costs, although relatives and friends can contribute by helping in the organizing, such as the preparation of tamales. In the community-wide festivities the entire town is part of the celebration where many individuals join resources to share in the costs of the celebration.

One of the traditions on the Day of the Dead that is unique to the state of Morelos is the fact that in many cities, home owners leave their homes to sleep on their porch so that the deceased can enjoy a more "roomy" bedroom where the altar is placed as well as the many food offerings. Another

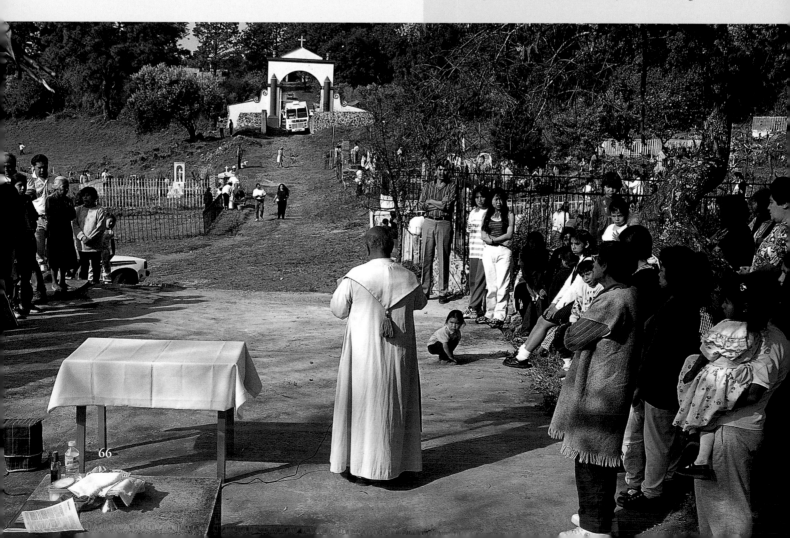

de ellas a dormir en el portal, para que los difuntos tengan mayor espacio en la habitación donde se coloca la ofrenda y puedan disfrutar de los alimentos. Otra característica es que todo lo que se pone en la ofrenda tiene que ser nuevo: los candelabros, el sahumerio, el petate, los jarros, las cazuelas, los platos; incluso el mismo maíz para preparar los tamales y las hojas con que se los envuelven deben ser de maíz de la cosecha del año.

En algunos pueblos los representantes de la autoridad civil y religiosa, así como los mayordomos avisan a los delegados o ayudantes municipales que ya se acerca Día de Muertos y con una semana de anticipación, diariamente, a las 12 del día se doblan las campanas; aunque durante el Día de Difuntos tañen sin parar. Ese día las autoridades civiles y el párroco, así como los habitantes del pueblo van al panteón acompañados de una banda de música, de allí se dirigen al atrio de la iglesia. Se supone que de regreso los acompañan las almas y que éstas se van con sus respectivos familiares, a disfrutar de la intimidad del que fue el hogar de ellos, así como de la ofrenda que les espera.

Como regla general en lo referente a la forma de celebrar esta tradición, se indica que las poblaciones que están en el lado oriente del estado están más ligadas a la manera de homenajear como en Puebla. Todas las poblaciones que están al sur, tiene más semejanza con la celebración en el estado de Guerrero y las poblaciones que están en la parte norte, se parecen o identifican con el estado de México.

SÍMBOLOS DE LA CELEBRACIÓN

En cuanto a los símbolos de Día de Muertos, estos son compartidos. No hay algo especialmente característico de Morelos que lo distinga del resto del grupo nahua de mesoamérica, informa el antropólogo Ricardo María Garibay.

En lo que se refiere a las tradiciones nahua en general, él menciona que los indígenas se han replegado y las han guardado, manteniéndolas con mucho recelo. "Es una

characteristic is that everything placed on the altar must be new: the candle holders, the incense, the blanket, the jars, the pots, the plates; in addition, the corn used to make *tamales* and whose husks are used to wrap them must be from corn which was harvested in the current year.

In some towns local, civil and church members, in the same manner as a butler, announce to their delegates or civil servants the coming of the Day of the Dead, and within a week of anticipation the bells toll on a daily basis at noon; during the Day of the Dead they toll incessantly. On this day, civil authorities and the friar, as well as the townspeople visit the cemetery with the company of a music band, and from there march towards the church atrium. It is assumed that as they return the souls are with them and they leave with their respective families to enjoy and share the home that was their's in years past, as well as the offerings that await them.

As a general rule in regards to celebrating this tradition, those cities that are located towards the eastern region of the state are more linked to the manner in which it is celebrated in Puebla. Southern cities celebrate in a similar manner to that of Guerrero and other northern cities identify with Mexico state as to the way they celebrate this tradition.

SYMBOLS OF THE CELEBRATION

The symbols of the Day of the Dead are shared among all the regions in the country. There is not one factor that distinguishes Morelos from the other Nahuatl groups of Mesoamerica, reveals the anthropologist Ricardo Maria Garibay.

In reference to Nahuatl traditions in general, he mentions that indigenous groups have retracted to preserve them, keeping them jealously guarded. "It's a very intelligent way of thinking, very wise, since outsiders can break up the communities. The indigenous people have done this when they have been in danger of campaigns against them. This is why when discriminatory situations arise they retreat, a 500 year old

actitud muy inteligente, muy sabia, pues personas de afuera pueden dividir las comunidades. Los indígenas lo han hecho cuando ha habido movimientos en contra de ellos. Por eso, cuando surgen situaciones discriminatorias se repliegan. Llevan 500 años con esa estrategia, saben perfectamente cómo hacerlo, saben cuándo mostrar sus tradiciones y creencias, cuándo guardarlas, qué mostrar y qué no mostrar y cómo utilizar sus conocimientos con las personas que llegan a consultarlos".

En cuanto al símbolo de la calavera, muchas personas piensan que es un elemento que surgió hace poco. No es así, aclara el antropólogo Garibay: "Están los zopantles que son los osarios donde están las osamentas. El culto a la muerte con la calavera es prehispánico. En varias piezas arqueológicas labradas está la calavera por todos los lados y los osarios o zopantles son las calaveras o cráneos acomodados".

Es muy importante anotar que el símbolo de la calavera, a la vez que el del esqueleto está presente en la Iglesia de Tepoztlán en todos los altares, durante la recordación de los fieles difuntos, algo que sólo he podido observar en la iglesia de esta ciudad morelense. Al pie de la pintura de la cruxifición se cubre el altar con tapete morado, sobre el que colocan papel de china con decoraciones alusivas a la fecha y en el centro un

strategy which they know exactly when to use. They know when to share their traditions and beliefs, when to guard them, what to reveal and what not to reveal, and how to use their knowledge with those who seek their advice."

In regards to the symbol of the skull, many people believe that it is an element that has just recently surfaced. This is not so, clarifies Mr. Garibay: "We have the *zopantles* where the bones are stored. The cult to death with the use of the skull is pre-Hispanic. In many excavated archeological sites, the skull is found everywhere and the *zopantles* are the skulls or placed craniums."

It is very important to note that the symbol of the skull, as well as the skeleton, are seen on every altar in Tepoztlan Church during the remembrance of the deceased, an event which I would only witness in Morelos. The altar, at the foot of the crucifixion painting, is covered with a purple drape on which they place papier mâché with decorations alluding to the event and on the center a skeleton with a lit candle. In another altar, for example, at the foot of a statue of a virgin dressed in black, a skeleton is placed seated on top of papier mâché supported by four angels placed at each corner.

72

esqueleto con una vela encendida. En otro altar, por ejemplo, a los pies de una Virgen vestida de negro, sobre un papel de china se destaca el esqueleto sentado, resguardado por cuatro ángeles colocados a los costados.

HUEYAPAN

Al igual que en visitas anterior a otros estados, me acogí al calendario de las celebraciones de Día de Muertos iniciando mi visita a Hueyapan, el 28 de octubre, fecha que se recuerda a los "matados" y a quienes murieron en accidentes. Camino hacia esa población observé en Tetela del Volcán, cabecera municipal de Hueyapan, que al igual que en otras poblaciones de México, los caminos hechos con pétalos de *cempasúchitl* señalan la ruta que las almas deben seguir para llegar hasta el altar levantado en su honor. Se acostumbra también colocar una jarra con agua y flores en el sitio exacto donde murió la persona.

Hueyapan, de origen xochimilca, está ubicada a 88 kilómetros al noreste de Cuernavaca. Sus edificios de adobe y teja plana, a la vez que de fachadas austeras invitan a que la convivencia se haga hacia adentro, es una característica

HUEYAPAN

As I have done in the past, in visits to other states, I followed a calendar of celebrations of the Day of the Dead launching my visit to Hueyapan, on October 28th, this date is remembered in memory of those "killed" and those who died due to accidents. En route to this city I observed in Tetela del Volcan, municipal head of Hueyapan, similar to other cities in Mexico, roads filled with *cempasuchitl* to mark the road which the souls must follow to reach the altars erected in their honor. It is also a tradition to place a pitcher of water and flowers in the exact place where the person died.

Hueyapan, with *Xochimilca* origins, is located 55 miles northeast of Cuernavaca. Its adobe buildings with flat roofs and with somber and serious façades invite the visitor to go within, a characteristic of cities with cold climates like this one. Due to the style so distinct of its houses with lofty roofs, it gives the impression this is a place where time stood still for over 300 years, since its residents maintain the same style of homes.

de los pueblos de clima frío como éste. Por el estilo tan peculiar de sus casas con techos empinados se tiene la impresión de recorrer un lugar donde el tiempo se detuvo hace más de 300 años, ya que sus pobladores mantienen ese estilo en las construcciones.

Algo que caracteriza a muchos habitantes de Hueyapan y sobre lo cual se hace énfasis es que allí viven personas conocidas como graniceros o tiemperos, quienes tienen la facilidad para predecir la lluvia o sobre cómo viene un temporal, lo que hacen con base al conocimiento muy profundo que tienen de la naturaleza. Al vivir en la altura, rodeados de bosques, cerca del volcán Popocatépetl se han familiarizado con la caída de rayos durante las tormentas; los graniceros o tiemperos son aquellos que han sido tocados por un rayo y que han sobrevivido, creyéndose que eso les concede un don particular. La transformación de la persona, debido a este fenómeno, es mitad cierta y mitad mística. La comunidad los considera como seres especiales.

En ésta, como en muchas poblaciones indígenas, las tradiciones y los conocimientos se pasan en forma oral de padres a hijos, una persona respetada en Hueyapan es la curadora Modesta Lavana Pérez. Para los habitantes de este poblado, la cruz céntrica que habla del viento, el fuego, el agua y la tierra, es la cruz que todavía está viva; es una cruz que tiene cinco puntos cardinales: norte, sur, oriente, poniente y centro, informa Modesta, quien asiste a las autoridades del estado, en la aplicación de varios programas comunitarios.

De acuerdo a la tradición que mantiene desde que sus abuelos se la enseñaron, doña Modesta comenta que el primer día de celebración es el 31 de octubre, que se dedica en honrar el recuerdo de los niños, a quienes se reciben con flores, llamándolos por sus nombres de pila. En la mañana del primero de noviembre se les ofrece el desayuno en una mesa pequeña, comida que dura hasta el mediodía, en ese momento se sahuma alrededor del altar para que salgan las almas de los niños y entren las de los adultos.

In Hueyapan one finds many people known as "climate makers" or "tiemperos", who have the gift of predicting rain or knowledge of climate, derived from their deep rooted knowledge of nature. By living in high altitudes surrounded by forests near the Popocatepetl volcano, they have become familiar with thunder and lightning storms; the *graniceros* (sleet makers) or *tiemperos* (climate makers) are those individuals who have been struck by lightning and have survived, thinking of themselves as having special powers. The transformation of the individual due to this phenomena is half-true, half-myth. The community considers them special beings.

In this, as in many other indigenous cities, the customs and the knowledge are passed on in the oral tradition from fathers to sons. Modesta Lavana Perez, the town healer, is a person held in the highest respect in Hueyapan. For the citizens of this region, the central cross which encompasses the wind, fire, water, and light, is still very much alive: "It's a cross that has five cardinal points: north, south, east, west, and center," states Modesta, who helps state authorities in the implementation of various community programs.

Following tradition, which she keeps from the teachings of her grandparents, doña Modesta relates that the first day of celebration is the 31st day in October. This day is honored in memory of the children who are welcomed with flowers, calling out to them by their Christian names. On the morning of November 1st they are offered breakfast in a small table, a meal that must last until noon. At that time the altar is perfumed with the aroma and effusion of incense so that the young souls may leave and the souls of the adults may enter the homes.

On the main table, on top of a white tablecloth, a jar with flowers is placed as well as a glass of water for every adult soul honored. As doña Modesta narrates, her grandparents placed an effigy on top of the altar as a symbol of the person being honored, currently a picture of the person

En la mesa grande, sobre un mantel blanco, se pone un jarro con flores y un vaso con agua por cada alma de los adultos que se nombra. Cuando vivían sus abuelos, cuenta doña Modesta, se colocaba un idolito en el altar como representación de la persona a la que se lo dedicaba, en la actualidad se coloca la fotografía. Si se trata de la primera ofrenda se ponen objetos que pertenecieron en vida al ofrendado. Los vecinos llegan con flores, copal, a la vez que entregan una canasta con el recaudo. El que la recibe observa lo que le dan. Generalmente las flores las llevan en un jarro y en uno del mismo tamaño le sirven al visitante el mole preparado. Igualmente, le preparan una canasta para que lleve parte de la ofrenda a su casa. A aquellas personas que por su situación económica sólo llevan flores, también les dan de comer, aunque no les entregan una canasta.

Las familias que levantan el altar colocan en la puerta principal, del lado de la calle, un jarro con agua, adornado con flores de *cempasúchitl*. Lo hacen para que las almas que van por ese camino puedan detenerse y beber si están con sed.

is used. If this is the first offering, items that belonged to the person being honored are utilized. Neighbors bring flowers, *copal*, as well as a basket for safekeeping. The person who receives these gifts examines what has been given; they are conscientious of such gifts.

In general, flowers are taken in a jar and a similar size container is used to serve *mole* (chicken dish with a chili and chocolate sauce) for guests. Likewise, a basket filled with items from the offering is prepared for the guest to take home. Those who can only bring flowers due to financial hardships are also provided with something to eat; they are not, however, presented with a basketfull of goodies to take home.

Families who assemble the altar, place a jar full of water and *cempasuchitl* flowers on the main street entrance of their homes. This is done so that souls who pass through their street can rest and if thirsty drink some water.

Before taking down the altar on November 2nd and once the souls of the adults have departed, incense is burned while

Antes de quitar el altar el 2 de noviembre, después que se van las almas de los adultos se sahuma con bastante copal mientras una persona se encarga de recibir las flores que se colocaron en el altar. Lo que sirve se reparte y se llevan las velas y la comida al panteón donde los familiares conviven con las demás personas que se encuentran allí. Un poco después del atardecer todos regresan a sus hogares.

Xoxocotla

Pasando por diferentes poblaciones cercanas a la capital morelense, se encuentra Xoxocotla, Municipio De Puente de Ixtla, que está ubicada hacia el sur a 25 minutos de

someone receives all the flowers that had been placed on the altar. Everything that is still in good condition is distributed and the candles and the food are taken to the cemetery where family and relatives share with others who are present. Late in the afternoon everyone returns home.

Xoxocotla

Passing through different towns in the vicinity of the Morelos capital approximately 25 minutes south of Cuernavaca, Xoxocotla, district of Puente de Ixtla (Ixtla Bridge) can be found. It is an indigenous community of which about 30 percent of its adult population speaks Nahuatl.

Cuernavaca. Es una comunidad indígena, de la cual un 30 por ciento de su población adulta habla nahua.

El Lic. Armando Valencia Ríos, nativo de Xoxocotla, comenta que diariamente, durante nueve días antes del 31 de octubre, a las ocho de la noche se repican las campanas, como recordatorio a los habitantes que se aproxima el Día de Muertos y a la vez es una invitación a los difuntos de que se acerquen a sus hogares, pues creen que nueve días antes, por la noches, ellos hacen presencia. Por eso, en las casas les ponen, para que alivien su sed y su hambre, un vaso con agua y una pieza de pan.

En esta población la ofrenda semeja una especie de cama, tejida la base con un arbusto llamado acahuali. Sobre el tejido ponen hojas de plátano y encima colocan la ofrenda. Este altar, único en el estado de Morelos, se usa

Armando Valencia Rios, native of Xoxocotla, observes that nine days before October 31st, at 8 o'clock in the morning the bells toll to remind the inhabitants of the approaching celebration of the Day of the Dead; at the same time it is an invitation to the departed to come home since it is believed that they are present at night during the nine days prior to the celebration. This is why, in the homes, a glass of water and a piece of bread are placed expressly for them, to quench their thirst and appease their hunger.

In this region the offerings have some type of bedding as a base, knitted with a shrub called *acahuali*[2]. Banana-tree leaves are place on top of this knitted base and on top of the leaves the offering is placed. This type of altar, unique to the state of Morelos, is used for children and adults alike.

79

para los niños y los adultos. En él no falta el mole verde, que se prepara con pipián y que debe ser de la cosecha nueva del año. Los tamales, tanto el rojo como el blanco, no faltan en la ofrenda.

Es interesante anotar que a finales de octubre los niños recorren las calles de las diferentes poblaciones "cantando" las calaveras. En Xoxocotla encontramos un grupo que no permitió que siguiéramos nuestro camino sin antes escucharlos:

"La calavera tiene hambre,
¿no hay un pedazo de pan por ahí?
No se lo acaben todo,
déjame la mitad.
Chile con huevo,
chile con pan,
la calavera quiere cenar"

A partir del 31 de octubre por la mañana, en Xoxocotla comienzan a tocar las campanas en un repique lento y continuo hasta el 2 de noviembre, a las doce del día. En ese momento se lanzan cohetes y las campanas tocan más

Always present is the green *mole* prepared with *pipián*[3] and with ingredients that must come from the current harvest. Red and white *tamales* are also key items that must be present in the offering.

It is interesting to note that at the end of October children scamper through the streets from town to town singing *calaveras*[4]. In Xoxocotla we found a group of children who would not allow us to pass without first listening to them:

"Death is hungry,
is there a piece of bread
somewhere around there?
Don't finish it all,
leave some for me.
chili with egg,
chili with bread,
death wants to eat"

In Xoxocotla, starting on the morning of October 31st and ending at noon of November 2nd bells begin their slow

fuerte dando la señal a los habitantes que deben levantar la ofrenda inmediatamente, pues si no lo hacen llega el demonio y se aprovecha de ella.

A partir de ese momento y durante toda la tarde la gente va al cementerio llevando las flores que tenían colocadas en las ofrendas. Muchos esperan hasta que pase el calor del mediodía. Por el camino que conduce al panteón, cientos de personas llegan cargando sobre sus cabezas manojos de *cempasúchitl* y flor de terciopelo que parecen flotar como retazos amarillos y rojos, contra el fondo azul del firmamento. Con el constante movimiento, la visión que se tiene es el de un ondular de flores, agitadas por el viento, bajo el ardiente sol de la tarde.

En Xoxocotla no hay lozas o criptas, los familiares acomodan la tierra sobre las tumbas. Una vez que le dan la forma que desean le echan agua bendita y agua natural para aflojar la tierra y así poder clavar los tallos de las flores de *cempasúchitl*, terciopelo rojo, nardos y albácar, esta última es una planta aromática. Como nota característica del lugar no prenden velas ni hay velación por la noche.

Después de la misa, un poco antes de que oscurezca se lanzan al aire unos globos grandes, de aproximadamente metro y medio de diámetro, que los artesanos de Xoxocotla hacen de papel de china. Ellos dicen que con los globos se van las almas

but relentless tolling. At this time firecrackers are lit and the bells ring even louder reminding residents that they must erect the offering immediately and if not done so the devil will arrive to take advantage of them.

At that moment and throughout the entire afternoon people gather at the cemetery carrying flowers which are placed on the altars. Many await the passing of the afternoon heat. On route to the cemetery hundreds of people arrive carrying atop their heads handfuls of *cempasuchitl* and red velvet flowers, which stand out against the backdrop of a perfectly blue sky. With the constant movement, the flowers become waves, rustled by a soft breeze under the scorching heat of the afternoon sun.

In Xoxocotla there are neither tombstones nor crypts, family members arrange dirt around tombs, weeding around them. Once they have created the desired form they sprinkle some holy water and regular water on top to loosen the dirt and be able to place *cempasuchitl*, red velvet flowers, nards, and *albacar*, an aromatic plant. Distinct to other regions, here, neither candles are lit nor all-night-wakes held.

After mass, just before nightfall, large balloons, approximately a yard and a half in diameter and made by artisans from papier mâché, are launched. These artisans say that the souls of the deceased depart with the balloons.

84

de los difuntos. Esta tradición tiene muchísimos años y es un espectáculo muy atractivo para niños y adultos.

OCOTEPEC

Formando parte ya de la ciudad de Cuernavaca, aunque mantiene su autonomía, se encuentra Ocotepec, lugar en el que la celebración de Día de Muertos mantiene características inconfundibles por la dedicación y misticismo, a la vez que por la alegría y colorido con el que se decoran tanto los altares en las casas, así como las tumbas en el camposanto.

El área de Ocotepec está absorbida por Cuernavaca, a tal punto que es difícil calcular el número de habitantes de este lugar. Hay mucha gente de otras poblaciones que se han ido a vivir a Ocotepec aceptando, por supuesto, sus reglas, aunque no tengan la posibilidad de llegar a ser ayudantes municipales o a ocupar un cargo en la iglesia, distinciones tanto políticas como sociales y religiosas, reservadas para los nativos del lugar.

Aunque el estilo de las ofrendas en el estado de Morelos es muy variado, de acuerdo a lo que se produce en cada región, en Ocotepec, que se encuentra en la zona norte del estado, tiene mucho que ver todavía con la cuestión prehispánica, ya que toda esa área fue asentamiento xochimilca. Con la evangelización, el ritual cambia un poco, sin embargo predominan las características prehispánicas.

Como preparación para la celebración de Día de Muertos se hace un novenario del 23 al 31 de octubre, diariamente llegan los familiares a rezar el rosario, a lo que le sigue un convivio en las casas donde se va a poner una ofrenda nueva. Desde las doce del día del 31 de octubre, se colocan las ofrendas en las casas donde se van a honrar las almas de los niños fallecidos. Alrededor de las siete de la noche se comparten tamales, pan, atole y café. Los visitantes ofrecen flores de *cempasúchitl* y prenden una vela, durante toda la noche en homenaje de esa almita.

This is an old tradition, and it is a great spectacle to witness for children and adults alike.

OCOTEPEC

Ocotepec, although autonomous in its own right, is part of the city of Cuernavaca. Here the celebration of the Day of the Dead maintains traditions unmistakable for their dedication and mysticism, as well as for the delightful and colorful manner in which home altars and tombs are decorated.

The region of Ocotepec is engulfed by Cuernavaca to the extent that it is difficult to determine the population of this place. Many people from other towns have moved to Ocotepec, clearly accepting its laws and regulations; these rules include not being able to carry a government post or obtain a position in the church, distinctions as much political as social and religious, which are reserved for local residents of the town.

Although the style of setting the offerings in the state of Morelos is quite diverse, unlikely linked to each regions main product, in Ocotepec it still has strong ties to pre-Hispanic ways. Ocotepec, located in the northern part of the state, is an area that was settled by Xochimilca people. With the wave of evangelization, the ritual has changed somewhat; however, pre-Hispanic elements are still predominant.

To prepare for the Day of the Dead a nine-day prayer ritual is carried out starting October 23rd and ending the 31st. Family members arrive daily to pray the rosary which is followed by gathering in the homes where a new offering is being assembled. Starting on October 31st, noon offerings are placed in the homes where the souls of departed children are being honored. Around 7 o'clock in the evening people share *tamales*, bread, *atole* (thick and hot corn starch drink) and coffee. Throughout the night, guests offer *cempasuchitl* flowers and light a candle in honor of the little souls. At dawn on

86

Al amanecer del primero de noviembre las velas y las flores son retiradas del altar y llevadas a las tumbas.

Continuando con el ritual que se sigue en Ocotepec, el primero de noviembre, a partir de las once de la mañana se empieza a levantar el altar para los adultos. Éste es más elaborado y se lo hace sobre una mesa grande colocada en la sala principal. Al comenzar a ponerse la ofrenda se dirige al fallecido la persona más cercana, puede ser el esposo/a, hijo/a, madre o padre si se trata de un joven. Al invocarlo, dicen: "te entregamos esta ofrenda para que puedas venir a convivir con nosotros. Que Dios te conceda recibir este don que ponemos aquí, no te lo llevas, pero sí el aroma que llega ante ti. Que este pan que colocamos lo compartas con todas aquellas almas que no tienen quien les ponga una ofrenda ... que ellos vengan también". Así, uno a uno los familiares más cercanos van pasando a poner las pencas de plátano y el pan. Después se cubre con un mantel para que simule la forma del cuerpo. Encima se pone la calavera de azúcar, en el lugar que corresponde a la cabeza.

Algunos de los objetos que son parte del ritual de la muerte, en realidad son símbolos de vida, herencia de una creencia del México precolombino.

Si es mujer se envuelve la calavera con un reboso, si es hombre se pone su sombrero, a la vez que ropa, con lo se da la apariencia de un cuerpo presente. La ropa se compra precisamente para esta ocasión, en la que el recuerdo del fallecido estrena ropa y zapatos nuevos.

Una vez que está cubierta la forma del cuerpo con la ropa, se colocan las flores, los cirios y las velas escamadas. A continuación se sahuma alrededor del altar con copal y se pone la comida; puesto que el alma no ha "probado" sus platillos favoritos desde su muerte, se le preparan los que eran de su agrado: el mole, una gallina completa hervida, no olvidando el agua, la sal y todo lo que le gustaba en vida. Se pone la fotografía del fallecido, ya sea en la parte superior junto con la imagen religiosa

November 1st the flowers and candles are removed from the altar and are taken to be placed on the tombs.

Continuing the rituals which are followed in Ocotepec on November 1st, starting at 11 o'clock in the morning the building of the altar for the adults is underway. This more detailed altar is placed on a large table in the main living room. At the beginning of positioning the offerings, the closest family member to the deceased (it could be the wife/husband, daughter or son, mother or father if the deceased is a young adult) addresses the departed. Upon doing so, the family member says, "we give you these offerings so that you may come and join us. May God allow you to receive these gifts that we place here, you cannot take it with you but you may let the aroma fill you. May you share this piece of bread that we put before you, with other souls who have no one to place offerings in their honor ... may they also come." In this way one by one, the immediate family members place pieces of banana plants and bread on the altar. Afterwards the table is covered with a tablecloth and the shape of a "body" gives form. A candy skull is placed on the top to represent the head.

Some of the objects which are part of the ritual of death, in fact are symbols of life, a legacy from the beliefs of a pre-Columbian Mexico.

If the deceased is a woman, the "body" is wrapped in a shawl. If it is a man, a hat is used in addition to normal dress; it's as though they were alive. Such clothes are purchased solely for this occasion, hence the deceased wears a new outfit.

Once the dead "body" is dressed, flowers and candles are arranged appropriately. Subsequently the surroundings are perfumed with burning incense and the food is set on the table; considering that the souls have not savored their favorite dishes since their death, foods that are especially liked are prepared in their honor which includes such dishes as *mole*, a steamed whole chicken, water, and some salt. Since the altar has several steps, a

89

de la cual era devota o en la parte inferior, ya que el altar tiene diferentes escalones.

A las doce del día la ofrenda debe estar lista y en ese momento se reza el rosario, después se echan los cohetes, tanto desde el atrio de la iglesia del pueblo, así como desde el patio de la casa donde hay una ofrenda nueva, para guiar las almas a su hogar a través del sonido y de la luz que hacen al estallar. Al escucharlos, la gente del pueblo dice "ya llegan los abuelitos", refiriéndose a las almas de sus antepasados.

Todos Santos no es una fiesta, es una celebración y una convivencia con las almas que llegan. Es una reunión en la que se comparte y recuerda a esa persona que falleció, llevándole velas, frutas, pan. Los que ofrendan pueden ser familiares o los amigos que muchas veces visitaron esa casa en vida del fallecido y por ello llegan con su ofrenda a rendirle homenaje. Se tiene la convicción que el alma está presente, de tal grado que cuando los parientes y amigos le presentan la ofrenda al pie del altar, dicen: "te traemos esto, sabemos que no te lo vas a comer, pero te vas a llevar la esencia de este pan, de esta fruta que te estamos poniendo, tú lo vas a probar primero y después nosotros".

Desde el momento que se pone el altar hasta las cuatro de la mañana del 2 de noviembre es tradición de los habitantes visitar cada casa donde hay una ofrenda nueva y llevar una veladora para el altar.

photograph of the deceased is placed either a rung above or below a picture of their preferred religious image.

At noon the offering must be set, and it is at this moment when prayers using the rosary begin. Then, firecrackers are set-off from the atrium of the church, as well as from the patio of the homes where new offerings are set. The sounds and illumination made by the explosions of the fireworks guide the souls. Upon hearing such commotion, people declare, "… our dear grandparents are arriving", making reference to the souls of their ancestors.

The Day of the Dead is not a party; it is a celebration and a social gathering with the souls that have arrived. It is a reunion where the memory of the departed is shared and honored by bringing them candles, fruits, and bread. Those honoring the deceased are family members and friends who visit the home of the departed prior to death and for this reason they come with their gifts and offer tribute. It is deeply believed that the soul is present, to such point that when relatives and friends grant their gift or offering at the foot of the altar they repeat: "we bring you these gifts, we know that you will not eat it, but you will take with you the essence of this bread, of this fruit which we are giving to you, you shall savor it first but then, so shall we."

En la iglesia de Ocotepec se coloca también un altar, la noche del primero de noviembre se reúnen allí docenas de personas, quienes salen con velas para visitar las casas y presentar, ante su ofrenda nueva, sus respetos a los fallecidos.

La música, compañera inseparable del mexicano en sus momentos de alegría y tristeza, está presente en las velaciones de las ofrendas nuevas que se hacen en los hogares. Las bandas, conjuntos musicales, tríos y duetos, llegan para interpretar la música que le gustaba al fallecido, cantando igualmente corridos alusivos a la fecha, al mismo tiempo que entre canción y canción se siguen echando cohetes. Las rondallas, formadas por estudiantes también recorren las diferentes casas.

La música morelense está dividida en romances, quintillas, corridos y bolas. El corrido tuvo una misión muy específica durante la Revolución Mexicana. En esa época no habían medios masivos de comunicación y el corrido llevaba noticias de un lado a otro en forma versada. Los cantantes de corridos se convirtieron en cronistas de la época visitando ferias y lugares donde se realizaban reuniones de tipo comercial a la vez que fiestas religiosas. Como es de suponer, en estas fechas no le falta al fallecido un corrido en su honor.

En Ocotepec las autoridades civiles realizan campañas de concientización encaminadas a los visitantes, para que actúen

From the moment the altar is set until 4 o'clock in the morning of November 2nd, it is customary that the residents visit every home where a new offering has been set and take a candleholder for the altar.

An altar is also set in the church of Ocotepec. On the night of November 1st dozens of people gather and later leave the church to visit the homes where a new offering has been set and to pay their respects to the deceased.

Music, eternally linked to the Mexican people in moments of happiness and sorrow, is present in the wakes of the new offerings. Music bands, musical groups, trios and duets arrive to interpret the music that the deceased liked, singing songs relevant to the celebration, and at the same time in between songs, firecrackers can be heard in the background. The *rondallas*[4] also pay a visit to the different homes.

Music from Morelos is divided into romantic songs *quintillas*[5], *corridos*[6], and *bolas*[7]. The *corrido* had a very special role during the Mexican revolution. Back then there were no means of communication, and the *corrido* was a way to transmit news from one place to another in the form of a verse. *Corrido* singers were reporters of those times, visiting fairs and other places where events such as meetings as well as religious celebrations took place. Unmistakably on these special holidays no one who has departed is left without a corrido in his/her honor.

con respeto durante las visitas que realizan a los hogares para observar la belleza, colorido y misticismo de las ofrendas nuevas. En un comunicado que vimos en casa de don Domingo Díaz Balderas se leía: "Ocotepec es un pueblo respetuoso y celoso de sus costumbres tradicionales. Hoy día de los Fieles Difuntos, algunas personas ignoran o no han conocido el duelo o la pérdida de un ser querido. Esta fecha, algunos las toman como día de fiesta, se disfrazan y hacen desmanes como si fuera una noche de carnaval. El doliente aquí en Ocotepec sufre, no es un día de fiesta como piensan quienes no lo saben. Por favor se les pide visitar las ofrendas

nuevas con mucho respeto, que se ofrezca una plegaria por el eterno descanso del difunto y ser solidario con el doliente. Ocotepec debe conservar sus tradiciones y costumbres ancestrales con el apoyo de ustedes y nosotros".

Desde la tarde del primero de noviembre muchos de los habitantes de Ocotepec comienzan a decorar las tumbas en el cementerio. Tanto la de los adultos como las de los niños son adornadas con cadenas hechas con papel de china. Las de los varones se distinguen por el color blanco y morado con coronitas de color celeste en la cabecera de la lápida, la de las niñas se arreglan con cadenas de tonos rosados con morado. Sobre las tumbas deshojan *cempa-súchitl* y las rodean con pequeños maceteros con plantas de esta misma flor.

Aunque el uso de cadenas de colores y el despliegue de las diferentes clases de flores que se expenden en los tianguis es característico del lugar, existen muchas personas que decoran

In Ocotepec local authorities developed informational campaigns targeted at visitors so that they will show respect while visiting the homes to observe the beauty, vibrant colors, and mysticism of the new offering. A notice or flyer that we saw in the home of don Domingo Diaz Balderas read: "Ocotepec is a town respectful and protective of its traditions; on All Saints holidays, many people disregard or are unfamiliar with the *duelo*[9] (time of mourning) or the loss of a loved one. Some people regard this time of year as a reason to celebrate or party; they wear costumes and are unruly as if it is a night of carnival. In Ocotepec, it is not a day of merriment for those who have suffered a loss, like many who are unaware, believe it to be. We request that visits to new offerings be done with the respect they deserve; we ask that a prayer be said for the eternal rest of the departed and that visitors share in the grief of the family. Ocotepec must maintain its ancestral traditions and customs and together, with your help, this can be accomplished."

Starting in the evening of November 1st many residents of Ocotepec begin to decorate the tombs at the cemetery. Tombs of children and adults alike are decorated with garlands made from papier mâché. Tombs belonging to men are decorated using white and purple colors with small light-blue crowns placed on top of the tombstone; tombs belonging to women use pink and purple garlands. Along with these decorations *cempasuchitl* flower petals are scattered on top of the tombs and small planters with this same flower surround the tomb.

Although the use of colorful garlands and various types of flowers sold in markets is common, many people decorate tombs with wild flowers which they pick in the fields. Among these wild flowers is the *pericon* which blooms around this time of year, used in celebrations of Morelos associated with an agricultural ritual.

On September 29th, four weeks before the Day of the Dead festivities, the day of the Flower or *Pericon* is celebrated in honor of the Archangel St. Michael. According to popular belief, this saint with the help of his sword prevents the devil from destroying the fields where men cultivate their crops. The *pericon*, a yellow colored flower very similar to the *cempasuchitl*, is used to make crucifixes or crosses. These crosses are placed at the center and at the other four cardinal points of the field which is done to prevent, as previously mentioned, the devil who roams freely in corn fields and destroys the crops. It is also

las tumbas con flores silvestres que se dan en el campo de manera natural, entre ellas la de pericón que florece antes de estas fechas y que se usa en la celebración de una fiesta en el estado de Morelos que está asociada a un ritual agrícola.

Cuatro semanas antes de la celebración de Día de Muertos, el 29 de septiembre se celebra la fiesta de la Enflorada o Pericón, dedicada a San Miguel Arcángel. De acuerdo a la creencia popular, él evita con su espada que entre el diablo a destruir la sementera o sea el campo de cultivo. El pericón que es una flor amarilla, muy parecida al *cempasúchitl* se usa para hacer cruces que se colocan una en el centro y las otras en los cuatro puntos cardinales de la sementera, para evitar, como mencioné en líneas anteriores que el diablo, que anda suelto, se revuelque en la milpa y eche a perder la cosecha. Es tradicional, también, colocar la cruz de pericón a la entrada de las casas, negocios e incluso muchas personas las ponen en su carros, renovándolas todos los años, en la misma fecha. Esta flor de pericón se puede encontrar también adornando las tumbas en el cementerio de Ocotepec.

El 2 de noviembre, desde las cuatro de la mañana los habitantes van al cementerio a velar al pie de las tumbas de sus familiares. Los que han puesto ofrenda nueva en sus casas engalanan las tumbas de forma increíble, son fáciles de

customary to place a *pericon* made cross at the main entrance of homes, businesses and even in cars which are renewed yearly. This *pericon* flower can also be found adorning tombs in the Ocotepec cemetery.

On November 2nd, starting at 4 o'clock in the morning, residents visit the cemetery to keep vigil at the foot of the tombs of family members. Those who have constructed a new offering in their homes arrange their ancestors' tombs in a grand fashion; these tombs are easily recognized by their grand decor and because family members launch firecrackers and generously offer *tamales* to passers-by. Families decorate these tombs with papier mâché garlands, multi-colored balloons, and candles. The celebration at the cemetery, as mentioned before, is not considered a party but has many of the characteristics of one. The town band is always in attendance. It plays for several hours behind the center altar at the cemetery where exactly at noon mass is given to bid farewell to the spirits of the dead.

At the mass' end relatives return home to share with family and friends what is left from the offering; what is left at the altar are the candles (two are lit per day) in the same room facing the picture of the deceased, lit until they are all gone. The act of sharing what is left of the offering is a gesture of reciprocity; it is a way to give and to receive in a vast space of physical and spiritual "sharing of

identificar por la decoración y porque los familiares queman cohetes, a la vez que reparten tamales generosamente. Las ornamentan con cadenas de papel picado, globos de diferentes colores, cirios y velas escamadas, adornadas estas últimas, con flores hechas de la misma cera. La celebración en el camposanto, que aunque ya he mencionado no se trata de una fiesta, tiene sin embargo esas características. No falta la banda del pueblo, que durante horas interpreta música detrás del altar que se encuentra en el centro del camposanto y donde, a las doce en punto del día, se celebra la misa para despedir el espíritu de los muertos.

Al concluir la misa los deudos vuelven a su casa a repartir con amigos y familiares lo que queda en la ofrenda, dejando solamente los cirios para prenderlos dos por día, en la misma habitación frente a la fotografía de la persona fallecida, hasta que todos se consuman. Este acto de repartir lo que hay en la ofrenda es un gesto de profunda reciprocidad, es un dar y recibir en un espacio amplio de convivencia física y espiritual con otros familiares, pero sobre todo honrando la memoria de la persona que ha muerto.

Parte del ritual que se observa en casi todos los pueblos de México, es rezar el rosario por nueve días seguidos frente a la cruz que se colocará en la tumba de la persona fallecida, el último día se "levanta la cruz" y se la lleva al cementerio.

oneself" with other family members but above all it is honoring the person who has departed.

Part of the ritual observed in most of Mexico is praying with a rosary for nine consecutive days facing the crucifix placed on the tomb of the deceased. On the last day of the prayers "the cross is raised and carried" and it is taken to the cemetery. Candles brought by friends and family during the vigil and the *novena* are lit daily, until they burn out. Then, with the new offering, the candles given as gifts are continually lit in the home until the arrival of the first anniversary of death, which is celebrated with masses and new vigils. Candles are continually lit until they are all consumed. It is a complete ritual which creates a circle of light lasting more than one year.

CUENTEPEC

In many areas of Morelos the Nahuatl language has disappeared due to the accelerated process of acculturation. What is interesting, is that although it is not used as criteria for ethnic identification in Morelos, all the traditions and characteristics which define what is indigenous are still perfectly alive, even without speaking the language.

In Cuentepec we found many of such characteristics although the entire population speaks Nahuatl. Its inhabi-

95

Las velas que contribuyen los amigos y familiares durante el velorio y el novenario son encendidas diariamente, hasta que se terminan. Luego, con la ofrenda nueva, las velas ofrendadas se siguen prendiendo en la casa, hasta que llega el primer aniversario del fallecimiento (cabo de año), que se celebra con misas y nuevas velaciones; se continúa encendiendo las velas hasta que se terminan. Es un ritual completo que forma un círculo de luz de más de un año.

Cuentepec

Debido al proceso acelerado de aculturización, la lengua nahua se ha perdido en muchas zonas de Morelos. Pero lo interesante es que a pesar de que no es el criterio que identifica la etnicidad en Morelos, se mantienen perfectamente vivas todas las tradiciones y características que definen a lo indígena, aun sin hablar la lengua.

En Cuentepec encontramos muchas de estas características, con la diferencia de que los pobladores hablan la lengua nahua en un cien por ciento. Sus pobladores se dedican al cultivo de la tierra y siembran maíz y el frijol, cacahuate y calabazas. Esta población está localizada a cinco kilómetros de una zona arqueológica muy importante de Morelos, que es la de

tants are farmers and grow maize and beans, peanuts and pumpkins. This region is located about 3 miles from a very important archeological site in Morelos, called Xochicalco or "place or home of flowers" and is 16 miles away from Cuernavaca. The pottery found in this archeological site is very much like the ones women make in Cuentepec today. This pottery is completely worked by hand, utilizing the same pre-Hispanic techniques, and without the aide of any type of machinery. Everything is made by hand, and each piece is cooked in ground-level ovens. Manure is used as fuel, collected from livestock.

The anthropologist Salvador Melquiades Martinez notes that the pottery made here is utilized in the offering that is set on the mat made of palm leaves placed on the bedroom floor, following pre-Hispanic styles. A half-filled cup is also placed on the altar as well as an unlit candle and a pot of some food item — all arranged so that each one helps themselves to anything on the altar. A large *tamale* called *tzope* is prepared and eaten at once. The offering is set for eight days as the candles burn out daily. There is always a main candle for the individual who was most loved and one candle for each family member who is being

96

Xochicalco, "Lugar o Casa de las Flores", que a su vez está a 25 kilómetros de Cuernavaca. La alfarería que se encuentra en esta zona arqueológica es muy parecida a la que siguen haciendo las mujeres de Cuentepec. Es una cerámica totalmente elaborada a mano, con las mismas técnicas prehispánicas; no usan ningún tipo de tornos, todo es hecho a mano y las piezas se cuecen en hornos a ras del suelo y utilizan como combustible la majada, que es el estiércol seco del ganado vacuno.

El antropólogo Salvador Melquiades Martínez señala que las piezas de alfarería que se elaboran aquí se utilizan en la ofrenda que es puesta en un tapete de palma, sobre el piso de una habitación, al estilo prehispánico. Ponen en ella una taza que no está llena, una vela que no está prendida y un plato que no está servido, todo listo para que cada alma se sirva ella misma. Preparan un tamal grande llamado *tzope,* que se lo comen enseguida. La ofrenda queda expuesta por ocho días consumiendo las velas una por una. Siempre hay una vela principal, para la persona que más querían y una por cada miembro de la familia a la que se recuerda. Las velas, los platos y los jarros coinciden, de acuerdo al número de almas que se honran.

honored. The candles, the dishes and the pottery all coincide in accordance with the number of honored souls.

CUERNAVACA

In Cuernavaca the celebration of the Day of the Dead takes effect with much excitement. The altar is always present in restaurants and hotels, as well as in the many drawings with different funny tales which appear on the window displays of pastry or bread shops. In the historic downtown area altars can be admired in the Palace of Cortes, a grand stone structure which was the home of the conquistador of New Spain later converted into the Regional Museum of Cuauhnahuac.

The celebration is grand and exciting at the Jardin Borda Museum where conferences, music, altars, murals, and a sample of artifacts dedicated to death can be seen. This museum, today known as the Cultural Institute of Morelos was at one point a summer residence built at the end of the 17th century by the wealthy miner from Taxco, don Jose Manuel Borda. This is also the place where one can admire the *Ramilletes* o *Xochimamaxtles* (small bouquets), flower arrangements common among the

CUERNAVACA

En Cuernavaca la celebración de Día de Muertos se manifiesta con mucho entusiasmo. En los restaurantes y hoteles no falta el altar, en los vidrios de las panaderías los dibujos alusivos, con mensajes y bromas están a la orden del día. En el área del centro histórico, en el Palacio de Cortés, imponente construcción de piedra que fue residencia del conquistador de la Nueva España, convertido en Museo Regional Cuauhnahuac, se realizan exposiciones de altares.

Xoxocotla people. These bouquets are used in the offerings to the Day of the Dead, pilgrimage in the posadas[9] or as a reward for a favor to be given or received.

Transito Rojas Santa Maria describes these bouquets as follows: "They are always manufactured as part of a community effort in which the main florist don Cencio Vidal, leading this event along with several friends gather to help; it takes about 12 hours to complete this undertaking. *Cempasuchitl* and red velvet flowers, black and yellow *zapote* leaves as well as *carrizo* and *totoixquitl* reeds are used.

En el Museo del Jardín Borda, una mansión de verano construída a finales del siglo XVII por el rico minero de Taxco, don José Manuel Borda, hoy sede del Instituto de Cultura de Morelos, la celebración toma un auge muy grande con conferencias, música, altares, murales y muestra de artesanías de muertos. Precisamente allí pude admirar los Ramilletes o *Xochimamaxtles* que son arreglos florales típicos de la comunidad de Xoxocotla. Se emplean por igual en las ofrendas de Día de Muertos, acompañan a los peregrinos en las posadas o sirven de recompensa al santo patrono del lugar por un favor recibido o por recibir.

"Once the little bouquets are complete firecrackers are lit and the local food-stand owner provides *tacos* and drinks to the participants. This is followed by the *Xochimamaxtles* along with prayers, incense, and chirimía music or 'wind' band music which escort them up to the church or the place where the offering is set. You see them join the *Xochimamaxtles*, to become part of that wonderful mystical blend of shapes, colors, and emotions of this Morelos town.

"It is pure joy how the little bouquets raise people's spirits. All the long hours of work now have a meaning, to offer the Creator the color, aroma, and form of our lives."

Tránsito Rojas Santa María describe los ramilletes de la siguiente manera: "Su elaboración siempre en par se realiza con un profundo espíritu comunitario en el que participan el maestro florero don Cencio Vidal que dirige la obra y una docena de amigos comprendidos, los cuales tardan cerca de doce horas para terminarlos. Se emplean flores de *cempasúchitl* y de terciopelo, hojas de zapote negro y de limón, así como varas de carrizo y de *totoixquitl.*

Thanks in part to Cuernavaca's Historic Downtown Miquixtli Gallery expositions, offerings, plays, popular festivals, music, conferences, videos and children's workshops displayed at Morales Art Center, H. City Hall, U.A.E.M. Hall of Science, the Cathedral, the Museum, and Robert Brady prove that the tradition of the Day of the Dead celebration in the capital city of Morelos plays a key role in the cultural and spiritual life of the residents of this city.

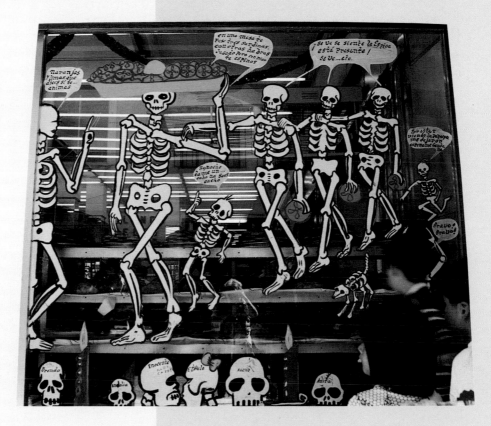

Cuando se concluye la elaboración de los ramilletes, ésta se anuncia con cohetes y el casero ofrece 'un taco' y bebida a los participantes. Acto seguido los *Xochimamaxtles* acompañados de rezos, copal y música de chirimía o de banda de viento son llevados a la iglesia o al lugar donde serán ofrenda, cuando los veas intégrate a los *xochimamaxtles*, intégrate a esa maravillosa mezcla mística de formas, colores y sentimientos del pueblo morelense.

Cuando el ramillete se levanta, el ánimo de todos es alegría, todas las horas de trabajo tienen ahora un sentido, ofrecerle al Dador de la Vida el color, olor y la forma de nuestra vida".

Thus, between touring, observing and enjoying life in the markets, sharing with family and friends along with the offerings, admiring altars which may be considered works of art on display in a museum, I quenched my senses in the cemeteries of Xoxocotla, Santa Maria Ahuacatitlan and Ocotepec. Here the beliefs and emotions of men and women alike, old and young, are manifested through color, aroma, and music.

It is easy to become enthralled in the heart of this celebration which symbolizes the past, present, and future of the Day of the Dead tradition in different communities of the state of Morelos.

A través del Corredor Miquixtli Centro Histórico de Cuernavaca las exposiciones de ofrendas, obras de teatro, verbenas populares, música, conferencias, videos y talleres infantiles en el Centro Morelense de las Artes, el H. Ayuntamiento, la Casa de la Ciencia U.A.E.M., la Catedral, el Museo y el Robert Brady demuestran que la tradición de Día de Muertos en la capital morelense ocupa un sitio muy importante en la actividad cultural y espiritual de los habitantes de esta ciudad.

Y así, entre un recorrido y el otro observando y disfrutando la vida en los mercados, compartiendo la convivencia de familias y amigos junto a las ofrendas, admirando las obras de arte en forma de altares levantados en los museos, llené mis sentidos en los cementerios de Xoxocotla, Santa María Ahuacatitlán y Ocotepec, donde las creencias y los sentimiento de hombres y mujeres, de jóvenes y ancianos se manifiestan en colores, aroma y música.

Es fácil dejarse envolver en el centro mismo en esta celebración que representa el pasado, presente y futuro de la tradición de Día de Muertos en diferentes comunidades del estado de Morelos.

1. *Copal* is a resin used in Day of the Dead festivities. When burned it gives off an aromatic scent, similar to incense.
2. *Acahuali* is a general term referring to thick and tall shrubbery.
3. *Pipian* is a traditional Mexican dish made with different types of meats (beef, chicken, pork, etc.) and crushed almonds.
4. *Calaveras* are short verses or poems about the Day of the Dead and are usually satirical in nature.
5. *Rondallas* are a group of students who wander the streets going house to house praying, eating, and singing songs at each stop.
6. *Quintillas* are a metric combination with five eight-syllable verses and two consonant rhymes.
7. *Corridos* are country-type songs with words that relate a story, usually a sad or tragic one.
8. *Bolas* refers to a group of people in song.
9. *Duelo* refers to a time of sorrow and mourning and it is symbolized by the wearing of black clothes during certain periods of time out of respect to a departed family member. In some Mexican and Latin American countries this practice can last as long as 3 years.
10. *Posadas* is an activity in which a group of people go from house to house requesting lodging as it was done in the Bible. This activity is common in Christmas.

JOSE MARIA MORELOS
SIERVO DE LA NACION

Significado de los elementos de un Altar-Ofrenda en Morelos

- El retrato del fallecido sirve para obtener la salida del purgatorio del alma, por si acaso se encontrara ahí.
- Los cirios, sobre todo si son morados o si cuando menos el candelabro lleva ornato morado, son señal de duelo.
- La cruz pequeña de ceniza se pone por si el alma se encuentra en el purgatorio, ayudándola a salir de ahí, para continuar su viaje hasta la presencia del Creador.
- Las calaveras de azúcar medianas en el nivel superior, son alusión a la muerte, siempre presente.
- Los cuatro cirios en cruz, representan los cuatro puntos cardinales, de manera que el alma pueda orientarse hasta encontrar su camino y su casa.
- Las tres calaveras chicas en nivel bajo, son dedicadas a la Santísima Trinidad.
- La calavera grande en el nivel bajo, está dedicada al Padre Eterno.
- El aguamanil, jabón y toalla se colocan por si el alma necesita lavarse las manos después del largo viaje.
- El agua en la jarra es para que se moje los labios resecos por el largo viaje desde el más allá.
- El licor, tequila preferentemente, es para que recuerde los grandes acontecimientos agradables durante su vida y se decida a visitar a los parientes.
- El copal sirve para que su humo limpie el lugar de malos espíritus y así pueda entrar el alma a su casa sin ningún peligro.
- La comida tiene por objeto deleitar al alma con su aroma.
- La cruz grande de ceniza sirve para que al llegar el alma hasta el altar, pueda liberarse de sus culpas pendientes.
- Las flores sirven para adornar y aromatizar el lugar durante la estancia del alma, así cuando le toque marcharse, se irá contento de sus familiares.

Significance of the various elements present on the Altar-Offerings in Morelos

- The picture of the deceased serves to help the souls' departure from purgatory, if it resides there.
- Candles symbolize mourning, especially if they are purple in color or if the candleholder has any purple coloring.
- A small ash cross is used if the soul is in purgatory, thereby helping it to leave this place and continue its journey leading to the Creator.
- Medium size sugar skulls placed on the top rung of an altar symbolize death which is always present.
- The four candles that form a cross represent the four cardinal points through which souls can be guided to their homes.
- The three small sugar skulls placed on the lower rungs are in honor of the Holy Trinity.
- The large sugar skull also placed on a lower rung is dedicated to the Eternal Father.
- The *aguamanil*, soap and small towel are used in case the soul wishes to wash after a long journey.
- The water jug is used for the soul to wet its lips, dry after the long journey from beyond the grave.
- Liquor, preferably tequila, is used to remember the wonderful, joyful events of his life with which the soul is persuaded to return to visit his family again.
- The *copal* is used for its aroma, to cleanse the surroundings from evil spirits; hence, enabling the soul to enter the home without any danger.
- The different foods are placed on the altar so that they may delight in their aroma.
- The big ash cross is used so that upon the souls' arrival to the altar it may be freed from any pending feeling of remorse.
- The flowers provide decoration and perfume during the souls' stay so that when it is time to leave the souls will leave content of having shared with its relatives.

Las calaveras de azúcar, chocolate y amaranto y sus múltiples significados en la celebración de Día de Muertos

El culto al cráneo es casi universal, muchos pueblos del mundo lo han guardado por considerar que en él se encuentran los poderes del fallecido. En el México prehispánico hubo ritos dedicados a él desde el periodo Mexolítico (4800 a 3500 a.C).

Dentro de la mitología mexica los dioses que muestran el cráneo son *Coatlicue,* la vieja madre de todos; *Miquiztli,* dios de la muerte; *Mictlantecuhtli,* señor de las profundidades de la tierra, donde moran los muertos por causas naturales; su esposa, *Mictecacíhuatl;* y las *Cihuateteo* o *Cihuapipitlin,* primerizas muertas en el parto.

Las calaveras son igualmente versos festivos que durante la temporada de Día de Muertos hacen comentarios, en forma de epitafio, de los defectos de personajes vivos presentados como muertos. Esta costumbre originada en la época colonial se enlaza con ciertas expresiones religiosas de la Alta Edad Media Europea, como la Danza de la Muerte y las creencias indígenas precortesianas que tenían a la muerte como inseparable compañera.

Las calaveras se ilustran igualmente de manera festiva, destacándose los grabados de José Guadalupe Posada.

Los niños, llevando en sus manos una calabaza cantan sus calaveras esperando una dádiva de quienes los escuchan.

Las calaveras de dulce son preparadas de diferentes tamaños. El azúcar se disuelve en agua hasta obtener un jarabe muy espeso que se vierte en moldes. Cuando el azúcar se seca se decora con filigrana de azúcar coloreada y recortes de papel brillante de diferentes colores, sin dejar de colocar en la frente del cráneo un nombre de pila. El comprador así puede regalarla a un amigo o pariente para que "se coma su calavera". Sirve también para los arreglos del altar, representando a los muertos que se recuerdan y en el caso de la ofrenda nueva en Morelos, específicamente para representar la cabeza del homenajeado, de quien se modela el cuerpo sobre la mesa, que es la base del altar. Como dulce se elaboran también calaveras de amaranto con nueces en la cuencas y pepitas de calabaza o cacahuate como los dientes. Las de chocolate son igualmente apetecidas, destacándose en los mercados por su color, entre las de azúcar y de amaranto.

Candy, Chocolate and Amaranth Skulls and the Symbolism in the Celebration of Day of the Dead

The cult of the "skull" is almost universal; many cities around the world have preserved it due to the belief that in it the powers of the deceased can be found. In pre-Hispanic Mexico since the Mexolitico period (4800 to 3500 B.C.) rituals were dedicated to them.

Among the Mexican mythological gods who display the "skull" are *Coatlicue*, the old matriarch; *Miquiztli*, god of the dead; *Mictlantecuhtli,* ruler of the depths of the earth, where the dead (who died of natural causes) reside; his wife, *Mictecacihuatl;* and *Cihuateteo* or *Cihuapipitlin,* the ones who died at birth.

The *calaveras* are equally alive through the celebration of the Day of the Dead. These verses poke fun, in the form of an epitaph, at the defects of people who are presented as dead. This tradition that originated in colonial times has ties to certain religious expressions of the High European Middle Ages which can be seen in the *Danza de la Muerte* (Death's Dance) and the indigenous pre-colonial beliefs that reflect death as an inseparable companion.

The *calaveras* are also reflected in these festivities in the recordings of Jose Guadalupe Posada.

Children, carrying a pumpkin, sing their calaveras hoping to receive a token of gratitude from those that listen to them.

Candy skulls come in different sizes. Sugar is dissolved in water until it becomes a thick syrup which is then poured into molds. Once the sugar hardens it is decorated with colored sugar and brightly colored paper cut-ups. Finally, a Christian name is placed on the forehead of the skull. In this manner one can buy a candy skull with the name of a friend or relative so that they can "eat their skull". Candy skulls are also used in the altars, symbolizing the deceased who are being honored. In the new offering in Morelos, candy skulls specifically symbolize the head of the honoree, whose body is represented by the altar. Amaranth skulls are also made during this time, using walnuts for the eye sockets and peanuts or pumpkin-seeds for the teeth. Chocolate skulls are equally appetizing, easily seen in the marketplace among the sugar and amaranth skulls.

Pan de Muerto

Ingredientes

4 tazas de harina
8 cucharadas soperas de levadura comprimida desmenuzada
6 huevos
2 barras de margarina
1 taza de azúcar
3 cucharadas soperas de agua de azahar
1 cucharada sopera de raspadura de naranja
1 pizca de sal
azúcar para salpicar

Elaboración

Deshaga la levadura en cuatro cucharadas soperas, con agua tibia; agregue taza y media de harina y forme una pequeña bola de masa suave. Déjela reposar 15 minutos en un lugar tibio, hasta que esponje al doble de su tamaño.

Cierna la harina junto con la sal y el azúcar; forme una fuente y ponga en medio los huevos incluídas las yemas; también la margarina, la raspadura de naranja y el agua de azahar; amase bien.

Agregue la pequeña bola de masa. Amase nuevamente y deje reposar en un lugar tibio, durante una hora. De nueva cuenta amase y forme los panes al tamaño deseado. Colóquelos en charolas engrasadas y barnícelos con las claras de huevo.

Adorne el pan con "lágrimas" hechas de la misma masa y péguelas con huevo batido, barnice el pan con el huevo, espolvoreé con azúcar.

Finalmente, coloque los panecillos en el horno precalentado a fuego medio durante 40 o 50 minutos.

Day of the Dead Bread

Ingredients

l teaspoon dry yeast
l/4 cup lukewarm water
4 cups all-purpose (plain) flour
6 eggs
l teaspoon salt
1/2 cup butter melted
orange-flower water (optional)
egg wash (1 egg white plus 1/2 egg yolk)
sugar for sprinkling

Preparations

Combine the yeast with the water and 1/3 cup of the flour. Let stand until the mixture doubles in volume.

Place the remaining flour in a large bowl. Make a well in the center and place the eggs, salt, sugar, aniseed, nutmeg, butter, and orange-flower water in the well. Beat together, then add the yeast mixture, combining it with the dough. Knead on a floured board for 15 minutes or until the dough no longer sticks to the surface.

Place the dough in a greased bowl. Cover with a cloth and let rise in a warm, draft-free area for 3 hours or until doubled in volume.

Preheat the oven to 450°F. Pinch off about 1/3 of the dough and form into a 2–inch ball. Shape the ball in a long rope. Mold pieces of the rope to resemble little bones. Set aside.

Shape the remaining dough into a round loaf and brush with egg wash. Place the ball of dough in the center of the loaf and arrange the "bones" in a circular pattern around the ball. Brush with the remaining egg wash.

Bake for 10 minutes in the hot oven. Lower the temperature to 350°F, and continue baking for 30 minutes.

Sprinkle with sugar and serve at room temperature.
Enjoy!

Fotografías

Photographs:

Página 41: En las cercanías del cementerio, esta vendedora ofrece sus flores.

Página 42: Con sus manos metidas en la tierra mojada, este hombre da forma a la tumba, antes de decorarla con flores.

Página 43: Un artesano trabaja con cincel y martillo el calado del papel picado, con imágenes alusivas a la celebración.

Página 44: Altar tradicional de Mixquic.

Página 45: Procesión nocturna del primero de noviembre en Mixquic.

Páginas 46 y 47: Escenas de la velación en el cementerio de San Andrés Mixquic.

Página 48: La presentación de danzas prehispánicas, es parte de la celebración de Día de Muertos en Mixquic.

Página 49: Venta de crucifijos en el mercado artesanal de Milpa Alta.

Páginas 50: Superior izquierda: Altar en Mixquic.

Páginas 50 y 51: Velación en el cementerio.

Página 52: Vista panorámica del cementerio iluminado por las velas.

Página 53: Estudiantes del Jardín de Infantes, con su altar.

Páginas 54 y 55:

Superior: Altar en honor de la Sra. Francisca Ríos Zavala. Ocotepec, Morelos.

Inferior centro: Decorando una tumba en el cementerio de Ocotepec.

Inferior derecha: La banda del pueblo interpretando música de la región, en el cementerio de Ocotepec.

Página 56: Tumba decorada en la forma tradicional con los elementos de la ofrenda nueva, cementerio de Ocotepec.

Página 58: Artesanía de madera expuesta en un altar-tumba, en la carretera que va de Cuernavaca a Alpuyeca.

Página 60: Interior de la iglesia de Yecapixtla.

Página 61: Venta de panes en el mercado de Yecapixtla.

Páginas 62, 63 y 94: Venta de carne, objetos decorativos, granos, velas y calaveras de amaranto en el mercado de Yecapixtla.

Páginas 64 y 65: Velación en el atrio de la iglesia de Santa María de Ahuacatitlán.

Página 66: Un sacerdote oficia la misa en el cementerio de La Asunción de Santa María Ahuacatitlán.

Página 67: Tumba bellamente adornada en el cementerio de Ocotepec.

Página 68: Esqueleto en un altar en la iglesia de Tepoztlán. Es el único sitio donde he observado que se incorpore el esqueleto a un altar, como alusión a la celebración de Día de Muertos.

Página 69:

Superior: Un jarrito con agua y flores de *cempasúchitl* es colocado sobre la puerta que da a la calle, en Hueyapan.

Inferior: Niñas cargando flores, en Hueyapan.

Página 70: Camino hecho con pétalos de *cempasúchitl* desde la calle hasta el altar, Tetela del Volcán.

Página 71: Vendedora de flores, a un costado de la carretera al salir de Cuernavaca.

Páginas 72 y 73: Camino de pétalos de *cempasúchitl* que va desde el atrio de la iglesia de Ocotepec, hasta el altar en honor a las víctimas de la masacre de Acteal, en Chiapas.

Página 74: Una pareja de Hueyapan, preparada para comenzar el arreglo de su altar.

Página 75: Altar decorado en el Restaurante "La India Bonita", de Cuernavaca.

Página 76: Altar tradicional en Tetela del Volcán.

Páginas 77 y 78: Cargando flores para decorar las tumbas en el cementerio de Xoxocotla.

Página 79: Estatua en honor de Emiliano Zapata, erigida en el centro de Xoxocotla.

Páginas 80 y 81:

Izquierda superior: Niño decorando una tumba en el cementerio de Xoxocotla.

Page 41: With his hands on the wet soil, this man gives form to the tomb, that later will be decorated with flower designs.

Page 42: Near the cemetery a seller offers her flowers.

Page 43: A craftsperson works doing "papel picado" (cut-up paper), with designs related to the celebration.

Page 44: Traditional altar of Mixquic.

Page 45: Night parade, on November 1st in Mixquic.

Pages 46 and 47: Scenes of a vigil at the cemetery of Mixquic.

Page 48: Presentation of pre-Hispanic dances are part of the celebration of Day of the Dead in Mixquic.

Page 49: Sale of Crucifix in the Milpa Alta market.

Page 50:

Top left: Altar in Mixquic.

Pages 50 and 51: Vigil in the cemetery.

Page 52: Panoramic view of the cemetery illuminated by thousands of candles.

Page 53: Students of a Kindergarden school of Mixquic, with their altar.

Pages 54 and 55:

Top: Altar in honor of Francisca Rios Zavala. Ocotepec, Morelos.

Lower center: Decorating a tomb in the cemetery of Ocotepec.

Lower right: The town's band playing music of the region, in the cemetery of Ocotepec.

Page 56: Tomb decorated in the traditional way with the elements of the new offering. Cemetery of Ocotepec.

Page 58: Wood crafts exhibited in a altar-tomb on the side of the road that goes from Cuernavaca to Alpuyeca.

Page 60: Interior of the church of Yecapixtla.

Page 61: Selling bread in the market of Yecapixtla.

Pages 62, 63 and 94: Selling meat, decorative objects, grains, candles and skulls made with amaranth seeds in the market of Yecapixtla.

Pages 64 and 65: Vigil in the atrium of the Church of Santa Maria de Ahuacatitlan.

Page 66: A priest celebrates mass in the cemetery of La Asuncion de Santa Maria Ahuacatitlan.

Page 67: Tomb beautifully decorated in the cemetery of Ocotepec.

Page 68: Skeleton in an altar of the Church of Tepoztlan. It is the only place where I have observed that a papier mâché skeleton becomes part of an altar.

Page 69:

Top: A jar of water with flowers of cempasuchitl is placed over the door that goes to the street, in Hueyapan.

Lower: Little girls carry flowers in Hueyapan.

Page 70: Road made with petals of *cempasuchitl* that goes from the street to the altar. Tetela del Volcan.

Page 71: Flower seller, by the road outside Cuernavaca.

Pages 72 and 73: Road of petals of *cempasuchitl* that goes from the atrium of the church in Ocotepec, to the altar honoring the victims of Acteal, in Chiapas.

Page 74: A couple, in Hueyapan, ready to start decorating their altar.

Page 75: Altar decorated in the restaurant "La India Bonita", in Cuernavaca.

Page 76: Traditional altar in Tetela del Volcan.

Pages 77 and 78: Carrying flowers to decorate the tombs in Xoxocotla.

Page 79: Statue honoring Emiliano Zapata, in downtown Xoxocotla.

Pages 80 and 81:

Top left: Boy decorating a tomb in the cemetery of Xoxocotla.

Center: Doña Chavelita Gonzalez Villa lights a candle for her altar in Xoxocotla.

Centro: Doña Chavelita González Villa enciende una vela para colocarla en su altar, en Xoxocotla.

Inferior izquierda: Entrada al cementerio de Xoxocotla.

Inferior derecha: Niños solicitando, con una canción, el regalo de una "calaverita".

Página 82: Cargada de flores de *cempasúchtl,* ella llega al cementerio de Xoxocotla.

Página 83:

Superior izquierda y derecha: Tumbas decorada en el cementerio de Ocotepec.

Centro: Músicos se preparan para cantar un corrido, en una casa con ofrenda nueva, en Ocotepec.

Inferior: La carretilla es un instrumento ideal para llevar flores al cementerio de Xoxocotla.

Página 85: Vela escamada. Son imprescindibles en las ofrendas nuevas, que luego se llevan a la tumba adornada donde se consumen, durante la velación en el cementerio de Ocotepec.

Páginas 86 y 87

Superior izquierda: Madre e hijos decoran la tumba de una niña en el cementerio de Ocotepec.

Inferior izquierda: Tumbas decoradas en el cementerio de Ocotepec.

Centro: Entrada de la casa de don Domingo Díaz Balderas, en Ocotepec. Él puso una ofrenda nueva en honor a la memoria de su esposa, Francisca Ríos Zavala.

Página 88: Velas encendidas protegidas con el rebozo, para evitar que el viento las apague. Cementerio de Santa María de Ahuacatitlan.

Página 89: Las velas se consumen bajo el sol del mediodía, en el cementerio de Ocotepec.

Página 90: Un sacerdote celebra la misa, el 2 de noviembre al medio día, en el cementerio de Ocotepec.

Página 91: Mientras los mayores decoran las tumbas, esta pequeña busca refugio bajo la sombra de las flores, junto con su hermanito.

Página 92: Un grupo de rondalla lleva serenata a la casa donde se ha puesto una ofrenda nueva, en Ocotepec.

Página 93: Altar en honor de Emiliano Zapata, levantado en el Palacio de Cortés, en Cuernavaca.

Página 95: Altar tradicional en Cuentepec, se pone sobre un tapete en el piso de la habitación principal de la casa.

Página 96: La noche del 2 de noviembre, adornando una tumba en el cementerio de Cuentepec.

Página 97: Acercamiento de un *Xochimamaxtle.*

Páginas 98 y 99: Vitrinas de una panadería, en Cuernavaca, pintadas con motivos alusivos a la celebración.

Página 100: Monumento en honor a José María Morelos, "Siervo de la Nación".

Página 101: Kiosco en el parque ubicado en el área histórica de Cuernavaca.

Página 103: Ofrenda nueva. Ocotepec.

Página 105: Calaveritas de dulce.

Página 107: Preparación del pan de muerto.

Lower left: Entrance to the cemetery of Xoxocotla.

Lower right: Children asking for a donation, sing a song.

Page 82: Carrying flowers of *cempasuchitl* this woman arrives to the cemetery of Xoxocotla.

Page 83:

Top left and right: Decorated tombs in the cemetery of Ocotepec.

Center: Musicians prepare to sing a corrido, in a house with a new offering, in Ocotepec.

Lower: Carrying flowers to the cemetery of Xoxocotla.

Page 85: Candle with a special design, traditional in this celebration. They are placed on the altars with new offerings and later taken to the tomb and lighted.

Pages 86 and 87:

Top left: Mother and children decorate a tomb of a little girl in the cemetery of Ocotepec.

Lower left: Decorated tombs in the cemetery of Ocotepec.

Center: Entrance to the house of don Domingo Diaz Balderas, in Ocotepec. He placed a new offering in memory of his wife, Francisca Rios Zavala.

Page 88: Lighted candles are protected with the rebozo of this woman. Cemetery of Santa María de Ahuacatitlan.

Page 89: Lighted candles melt under the sun. Cemetery of Ocotepec.

Page 90: A priest celebrates mass on November 2nd, in the cemetery of Ocotepec.

Page 91: While the older people decorate tombs in the cemetery of Ocotepec, this little girl finds refuge from the sun under the flowers, together with her little brother.

Page 92: A group of young people of a rondalla play in a house where there is a new offering in Ocotepec.

Page 93: Altar in honor of Emiliano Zapata, on exhibit at the Palace of Cortes in Cuernavaca.

Page 95: Traditional altar in Cuentepec. It is placed over a straw mat on the floor of the main room of the house.

Page 96: The night of November 2nd near a tomb in the cemetery of Cuentepec.

Page 97: Close-up of a *Xochimamaxtle.*

Pages 98 and 99: Decorated windows of a bakery in Cuernavaca.

Page 100: Monument in honor of Jose Maria Morelos, "Servant of the Nation."

Page 101: Kiosk in a park located in the historical area of Cuernavaca.

Page 103: New offering. Ocotepec.

Page 105: Sweet skulls.

Page 107: Preparing "bread of the dead."

Once upon a time in a city not far from here...

You can imagine a thousand beautiful stories taking place in Mexico City.

Now imagine you're in the picture.